A ARTE DA
DEDICAÇÃO

CÉZAR CHAVES
Autobiografia

A ARTE DA
DEDICAÇÃO

*Uma história de vida, superação
e conquistas sem pretensão*

Copyright © 2019 de Cézar Chaves
Todos os direitos desta edição reservados à Editora Labrador.

Coordenação editorial
Patricia Quero

Produção textual
Fernanda Pancheri

Projeto gráfico, diagramação e capa
Felipe Rosa

Revisão
Bonie Santos
Laila Guilherme

Dados Internacionais de Catalogação na Publicação
(CIPAngelica Ilacqua CRB-8/7057

Chaves, Cézar
   A arte da dedicação : uma história de vida, superação e conquistas sem pretensão / Cézar Chaves. -- São Paulo : Labrador, 2019.
   272 p.

ISBN 978-85-87740-78-6

1. Autobiografia 2. Chaves, Cézar 1956- Autobiografia I. Título.

19-0696   CDD 920

Índice para catálogo sistemático:
1. Autobiografia

Editora Labrador
Diretor editorial: Daniel Pinsky
Rua Dr. José Elias, 520 - Alto da Lapa
05083-030 - São Paulo - SP
+55 (11) 3641-7446
contato@editoralabrador.com.br
www.editoralabrador.com.br

A reprodução de qualquer parte desta obra é ilegal e configura uma apropriação indevida dos direitos intelectuais e patrimoniais do autor.

A editora não é responsável pelo conteúdo deste livro. O autor conhece os fatos narrados, pelos quais é responsável, assim como se responsabiliza pelos juízos emitidos.

À minha família e ao Grupo Zema: dois alicerces que são a base de toda a minha essência pessoal e profissional.

AGRADECIMENTOS

Agradeço à Wanda, minha esposa e meu porto seguro, que sempre esteve ao meu lado e me apoiou nesta empreitada desde o início.

À minha mãe, que dedicou parte de seus dias a relembrar acontecimentos do passado e a transmitir os valores que norteiam a todos da nossa família.

Aos meus irmãos, João, Joel e Leonilda, que me ajudaram a resgatar fatos e histórias para reconstruir um grande quebra-cabeça.

Às minhas filhas, Flávia e Daiana, que relevaram seus sentimentos e contribuíram como grandes protagonistas desta história.

Aos meus netos, Maria Eduarda e Luiz Guilherme, que foram grandes marcos na minha vida e contribuíram para novos rumos na minha trajetória.

Ao meu neto mais novo, Cézar Neto, que, apesar de ainda não poder participar com depoimentos, é parte essencial desta história.

Aos meus genros, Guilherme e Rodrigo, por serem como filhos para mim e para a Wanda.

Ao Wagner, que adotamos como filho de coração!

Aos meus cunhados, Cecília e Wandecir, sempre próximos e muito queridos, que também compartilharam momentos importantes das nossas vidas.

Ao meu mestre e ídolo Ricardo Zema, um homem a quem eu só tenho a agradecer por todos os ensinamentos, pela confiança e pelo reconhecimento que sempre recebi.

Aos amigos Romeu e Romero Zema, que, muito mais que chefes ou parceiros de trabalho, tornaram-se verdadeiros irmãos, em quem eu confio e a quem respeito e admiro sempre.

Ao José Mayol, amigo, companheiro e conselheiro, que compartilhou todo o seu conhecimento e me ajudou em muitas tomadas de decisão.

Aos amigos João Bosco, João Batista, Alexander e Marco Aurélio Rios, pelos anos de trabalho em conjunto, pelo respeito, pela ética e por tudo que passamos juntos.

Ao Teo, meu fiel *personal trainer*, a quem eu devo parte da minha saúde.

Ao Dr. Marcelo, meu psicanalista, que não apenas me ajudou, mas está sempre ao meu lado em todos os desafios.

Ao Alcione, pelo respeito, pela confiança e por acreditar na minha capacidade.

Ao Fábio Rios, pela excelente parceria e pela maneira ética como conseguimos unir trabalho e vida pessoal.

Ao Dr. Jadir, médico da família por muitos anos e, hoje, um grande amigo que está ao nosso lado em todos os momentos.

Ao Adilson, meu companheiro, confidente, irmão, filho e amigo que, certamente, com uma *expertise* única, ajudou a completar o meu estilo de gestão e a embasar grandes decisões.

Ao Samuel, por seu trabalho, seu carinho e sua amizade.

Ao Leceandro, que conduziu de forma exemplar a Zema Petróleo.

Ao Rafael Rosário, por todo o seu empenho, pelo comprometimento e pelo enorme carinho.

Ao Ledston e ao Moraes, pela dedicação, pelo respeito e por toda a confiança sempre.

À Michelle Santos, que, com doçura e competência, tem construído uma trajetória de grande sucesso.

Ao Wagner Bueno, ao Walisson, ao Juliano e ao Denis Rosa, pela confiança, pela receptividade, pela aceitação do nosso novo modelo de gestão e pelo excelente trabalho desempenhado.

Ao meu amigo Celso, que, apesar da distância, será sempre parte da minha lembrança.

Ao Valdivino, um grande amigo da época em que eu ainda trabalhava na fazenda.

A todos os colaboradores que, ao longo dos últimos quarenta anos, passaram pelo Grupo Zema e são parte essencial desta história.

A todos aqueles que, direta ou indiretamente, contribuíram para a realização deste livro.

E, especialmente, ao meu pai, que, de onde quer que esteja, tenho certeza, acompanha todos os meus passos!

PREFÁCIO

Conheço Cézar Donizete Chaves desde que eu ainda era menino. Eu acompanhava o meu pai nas inúmeras idas e vindas por postos e concessionárias da família e sempre me encontrava com ele.

De fato, Cézar me viu crescer. Enquanto eu o ajudava a encher o tanque de combustível dos automóveis de alguns clientes, ele levava tudo muito a sério e, dia após dia, conquistava a todos da família. Com muita humildade e uma dedicação fora do comum, ele foi se tornando o braço direito do meu pai, Ricardo Zema, para tudo que se relacionasse com os postos de gasolina.

Lembro-me bem de que ele chegou a morar na mesma casa em que nós moramos quando pequenos. Era uma casa de cerca de sessenta metros quadrados, que ficava ao lado de um dos nossos postos e em frente ao depósito. Também me lembro de o meu pai comentar muito sobre ele em casa, informalmente. Ele sempre dizia que precisávamos ficar de olho no Cézar, afinal ele era o frentista que melhor atendia os nossos clientes.

A dedicação e a iniciativa dele chamaram a atenção desde o início. Meu pai dizia que o *box* em que o Cézar trabalhava era sempre o mais limpo e arrumado. Ele nunca teve medo de trabalho nem de colocar a mão na massa. Se tivesse de ser feito, ele faria! Sempre estava disponível e nos surpreendia com tamanho comprometimento.

Fiquei alguns anos longe para estudar e, quando voltei a Araxá, lá estava o Cézar, ao lado do meu pai, cuidando de tudo como se fosse dele. O Cézar era então responsável pela gerência dos postos. Meu irmão Romero seguiu à frente das concessionárias e eu, que sempre fui um apaixonado por linha de produção, queria cuidar da nossa indústria de carroças. Isso mesmo! Tínhamos no Grupo uma unidade fabril, e eu sempre gostei demais dos processos produtivos. Mas, obviamente, não era um negócio promissor! De fato, acho que não conheço ninguém que tenha comprado uma carroça algum dia!

Uma das frentes que começava a crescer em nossas empresas era a de varejo. Na década de 1970, meu pai recebeu uma loja da Frigidaire no "pacote" da compra de uma concessionária Chevrolet. Em 1976, abrimos a primeira loja com a marca Eletrozema. Na década de 1990, percebi que seria uma área promissora e optei por conduzir aquela unidade de negócio. Em 25 anos, aproveitamos o elevado potencial de crescimento desse mercado e levamos as Lojas Zema para mais de quinhentos locais.

Naquela época, Cézar acompanhava as mudanças no mercado de petróleo e trouxe a sugestão de criarmos uma distribuidora de combustíveis. Meu pai apoiou a ideia, e Cézar dedicou-se ao máximo para que o negócio fosse realmente promissor. Primeiro veio o Transportador Revendedor Retalhista (TRR), para venda de combustível para grandes consumidores. Depois, em 1997, a Zema Petróleo emitia a primeira nota fiscal. Até 2018, quando foi vendida para a francesa Total Energia, a Zema Petróleo era responsável por cerca de 65% do faturamento do nosso Grupo, com receita anual superior a R$ 2,5 bilhões.

Apesar de eu cuidar do varejo e o Cézar estar 100% ligado à área de combustível, estávamos sempre próximos. Quando o Cézar me contou sobre a sua vontade de escrever um livro como um registro para a família, fui um dos primeiros a apoiá-lo e incentivá-lo. A história dele é motivo de orgulho e de incentivo para todos nós.

Claro que enfrentamos dificuldades e tivemos muitos impasses ao longo do tempo. Mas já são mais de quarenta anos juntos e, para nós, o Cézar se tornou um membro da família.

Quando decidi deixar o cargo de presidente do Grupo, comecei a pensar nas características que eu gostaria que o meu sucessor tivesse. Pensamos em buscar um executivo no mercado e, ao mesmo tempo, comecei a avaliar quais dos nossos profissionais poderiam assumir o desafio.

Quando construímos uma empresa, é como se tivéssemos um filho. Cuidamos dele e queremos vê-lo crescer forte e saudável. Há momentos em que temos que deixá-lo seguir adiante e ver se os valores que ensinamos foram, de fato, assimilados e incorporados em seu jeito de ser.

Sempre valorizamos os nossos colaboradores. Temos muita gente nova e, ao mesmo tempo, muitos profissionais que fizeram carreira na Zema. Somos uma empresa que, por mais de noventa anos, foi gerenciada pela família. Meu avô seguiu os passos do meu bisavô, meu pai seguiu os passos do meu avô, assim como eu e o Romero seguimos os passos do nosso pai. Estava na hora de nos tornarmos acionistas e conselheiros e de profissionalizarmos ainda mais a gestão. Eu comecei um trabalho árduo de avaliar todos os possíveis sucessores.

Mas o meu sucessor já estava pronto fazia tempo! Além de ter uma visão de gestão muito focada em resultados, Cézar conhece todo o histórico da nossa família e carrega nossos valores e nossa cultura. Ele seria um excelente caminho para profissionalizarmos a gestão sem perder o nosso jeito de ser e as nossas raízes.

Comentei com meu pai sobre a decisão e, com toda a sua simplicidade, ele me deu o seu aval: "Decisão certa, filho!".

A dedicação do Cézar é algo que chama a atenção. Se queremos alguém ético, focado em resultados e dedicado, o Cézar é essa pessoa. Em seu primeiro ano de gestão, Cézar já conseguiu excelentes resultados. Ele formou um time que o ajuda e comanda os negócios com muito afinco. Hoje, estou muito feliz e confortável com a decisão tomada! Ele tem uma história de muito sucesso. Uma história que precisa ser contada.

Obrigado, Cézar, e parabéns pela sua história de dedicação!

Romeu Zema Neto

INTRODUÇÃO

A ideia de escrever um livro para documentar minha história surgiu há muitos anos, bem antes de eu ser o Cézar Chaves diretor da Zema Companhia de Petróleo ou presidente do Grupo Zema, um dos maiores conglomerados do estado de Minas Gerais.

Há algum tempo, eu comecei a procurar entender as origens da minha família e me deparei com a ausência e o desencontro de informações. Até hoje, sei muito pouco sobre antigos familiares, especialmente sobre a trajetória dos meus bisavós paternos. Quando eu era pequeno, escutava algumas histórias, mas nada muito detalhado.

Somos uma família típica do interior de Minas Gerais. Uma mistura de raças e descendências é percebida pelas nossas características físicas. Minha bisavó paterna, Madalena Chaves, foi uma negra escravizada que se casou com um senhor de engenho e, sabe-se, teve vários casos fora do casamento.

O meu avô paterno era João Chaves de Almeida, filho legítimo de Madalena Chaves com esse senhor de engenho, de quem nem mesmo sabemos o nome. Quando ficou viúva, minha bisavó herdou muitas terras. E, ao contrário do restante da nossa família, viveu às custas dos recursos deixados como herança. Quando a situação financeira ficava um pouco mais complicada, ela vendia algumas fazendas e estava tudo resolvido! Mas recursos são finitos, e para o meu avô não restou quase nada: apenas um pedacinho de terra para ele se dedicar à lavoura.

João Chaves de Almeida casou-se com Maria de Jesus Cardoso, uma mulher baixinha e de pele bem clara, muito trabalhadora. Juntos, tiveram onze filhos, entre os quais o meu pai, Pedro Chaves Cardoso. Infelizmente, meu avô paterno morreu muito jovem, e eu não cheguei a conhecê-lo. Minha avó criou todos os filhos praticamente sozinha. Aquele pedacinho de terra que tinha sido herdado pelo meu avô foi dividido entre os onze filhos.

Meu pai nasceu na roça e nunca teve a oportunidade de estudar. Ele sabia escrever apenas o próprio nome, mas nem conseguia ler o que escrevia. Desde pequeno, acompanhava a minha avó na lavoura.

Ele conheceu minha mãe, Maria Fortunata Cardoso, quando foi trabalhar na fazenda do meu avô materno, João Batista Ribeiro, conhecido como João Fortunato. Pouco antes de começar a escrever este livro, localizei um manuscrito do meu avô materno e pude saber mais detalhes sobre suas conquistas, seus dilemas e sua vida. Ele nasceu na Serra da Canastra, em Minas Gerais, no dia 15 de maio de 1901. Filho de José Fortunato Fernandes e Teodora de Jesus, casou-se com a minha avó, Maria Nazaret Ribeiro, em 15 de outubro de 1927, cerca de dois anos após a morte de minha bisavó. João Fortunato se dedicava à política e chegou a ser candidato a vereador. Muito religioso, começou a vida com muitas dificuldades e pouco estudo.

Meus pais se casaram quando minha mãe ainda tinha 18 anos e ele, 23. Começaram a vida naquele pedacinho de terra herdado pelo meu pai. Ao todo, tiveram cinco filhos. Antonio, o primogênito, morreu quando tinha apenas 2 anos de idade. Depois, nasceram João Chaves, Joel Chaves e Leonilda Maria, minha irmã querida, que é carinhosamente chamada por nós de Nedinha. E eu fui o último, o caçula!

Também nasci e fui criado na roça, o que explica a minha enorme paixão pela vida na fazenda. Mesmo hoje, com todas as atribuições do mundo corporativo, as terras e as criações são para mim um porto seguro. Em contato com a lavoura e o gado, revivo momentos e sentimentos que nunca quero esquecer.

Perdi o meu pai muito cedo, o que impacta diretamente o desenvolvimento de qualquer pessoa. No meu caso, não foi diferente.

Sinto a ausência dele diariamente e tenho certeza de que, se ele estivesse aqui, ficaria realizado com a seriedade, a união e as conquistas da nossa família.

Mas trago comigo as melhores lições que um pai pode deixar para um filho. Quando queremos algo, precisamos batalhar pelos nossos sonhos e nos dedicar ao máximo. Com mais de quarenta anos de carreira, posso afirmar que sempre trabalhei duro e busquei superar as expectativas dos meus superiores. Não para ser exaltado. Não! Quem me conhece sabe que não sou assim. Sempre me dediquei ao máximo porque foi isso que aprendi. Foi assim que meu pai me ensinou! E, sem dúvida, essa foi a mais importante herança que ele me deixou.

Desde muito pequeno, eu queria ser útil e produzir. Fui servente de pedreiro e limpei os córregos do Complexo do Barreiro, uma das melhores atrações turísticas de Minas Gerais e a maior de Araxá. Encontrei uma empresa que confiou em mim e permitiu que eu mostrasse a minha capacidade. Se, de casa, trago os ensinamentos do meu pai, no trabalho, aprendi muito com Ricardo Zema, empreendedor e líder nato, no qual sempre me inspirei. Do lado pessoal, construí uma família que é meu maior orgulho. Tenho duas filhas e três netos.

Após o nascimento dos meus netos, a vontade de escrever um livro cresceu ainda mais. Não quero que as próximas gerações da minha família tenham dificuldades em conhecer a nossa origem, os nossos valores e as nossas conquistas, assim como eu tive. Na era das redes sociais e da informação instantânea, quero poder documentar e, depois, compartilhar tudo o que passei, incluindo as conquistas, as dificuldades e a experiência que acumulei ao longo das últimas décadas. Quero que meus netos e bisnetos saibam como vivemos e, acima de tudo, que a nossa história nunca se apague.

Mesmo sem saber dessa minha vontade, muitas pessoas que trabalham ou trabalharam comigo sempre me disseram: "Cézar, por que você não escreve um livro e conta a sua história?". Sinceramente, eu nunca pensei que a minha vida pudesse ser interessante para alguém que não fosse da família. Mas, recentemente, comecei a repensar... Unindo minha trajetória pessoal com a profissional, acredito que haja não apenas registros, mas também muito aprendizado e, consequentemente, muitos ensinamentos que posso e quero dividir e disseminar.

Minha ascensão profissional, em uma trajetória de extrema dedicação ao trabalho, pode ser um exemplo e uma inspiração para as pessoas que buscam oportunidades. Ao longo deste livro, contarei dilemas e situações que marcaram a minha carreira e mostrarei que nada cai do céu, mas que, se tivermos foco e dedicação, podemos alcançar patamares que nunca antes imaginamos.

É possível, sim, ser alfabetizado aos 12 anos, fazer faculdade após os 40, começar a trabalhar em uma empresa como frentista e alcançar o cargo de presidente. Tudo isso de forma despretensiosa e, principalmente, sem nunca deixar a família desamparada, descuidada ou esquecida. Além de fazer aqui um registro pessoal, penso que, com este livro, posso ajudar e inspirar muitas pessoas a seguir em frente e buscar os seus sonhos.

Quero contar um pouco sobre desafios que encarei e sobre a minha relação com o trabalho. Quero compartilhar ensinamentos que me ajudaram a criar o meu estilo de liderança, além de ressaltar a importância de características como persistência e humildade.

Acredito que a vida é uma estrada e que há um caminho para percorrer. Por isso, para escrever esta história, muitas outras histórias foram ouvidas. Ao todo, reuni mais de quarenta entrevistas, incluindo conversas com a família, com amigos e com colegas de trabalho. Conto episódios da minha infância e da vida na fazenda, depois passo pelo meu casamento e pelo nascimento das minhas filhas, até chegar à ascensão profissional.

Quando completei 60 anos, quarenta dos quais dediquei ao Grupo Zema, um gigante mineiro com faturamento anual superior a R$ 4,5 bilhões, os meus planos caminhavam, naturalmente, para o planejamento da aposentadoria. Comecei a (tentar!) me preparar para uma fase desconhecida.

Foi exatamente nessa época que recebi o convite para assumir a presidência do Grupo. Sem dúvida, a sensação de reconhecimento e gratidão é indescritível! Algo que, mais uma vez, não planejei, mas, acredito, conquistei com todo o meu empenho e com a minha dedicação ao trabalho. O desafio, agora, é consolidar ainda mais a companhia e levar o nosso jeito de ser para todas as frentes de negócio.

Qual será o próximo passo? Ainda não sei! Então, antes que mais alguma novidade surja nesta estrada, é hora de começar a contar esta história.

Cézar Donizete Chaves

CAPÍTULO 1

MINHAS RAÍZES NO INTERIOR DE MINAS GERAIS

Minha história começa em 1º de abril de 1956. Nasci no popular "dia da mentira". No interior de Minas Gerais, em uma fazenda muito simples, em meio às lavouras de milho e café, minha mãe, Maria Fortunata Cardoso, deu à luz seu quinto e último filho. Sou o caçula de cinco irmãos, todos nascidos aos cuidados da mesma parteira, na pequena região de Itaipu, localizada entre a Serra da Ventania e a BR-262, no extremo oeste da cidade de Araxá.

Quando nasci, meu pai, Pedro Chaves Cardoso, apaixonado por crianças, aguardava ansiosamente pela chegada de mais um bebê. Se dependesse exclusivamente da vontade dele, certamente eu teria uma dezena de irmãos!

Meus pais se conheceram quando ele procurava emprego na região. Batalhador e dedicado, nasceu e sempre viveu na roça, acostumado com lavouras e criações de animais. Meus avós paternos, Maria de Jesus Cardoso e João Chaves de Almeida, tiveram onze filhos, todos nascidos em fazendas, aos cuidados de parteiras, como era a tradição na época. Meu avô morreu muito jovem, e minha avó criou os filhos praticamente sozinha.

Para sobreviver, era preciso trabalhar duro, e as crianças começavam bem cedo. Com o meu pai, não foi diferente. Ele logo aprendeu tudo sobre lavouras e criações. Limpava pasto, plantava, colhia e cuidava de gado. O campo sempre foi o seu mundo. Ali ele dominava o que precisava ser feito.

A região onde nossa família morava era dominada por pequenos agricultores, muitos com plantações para consumo próprio e alguns que produziam para o pequeno comércio local. Meu pai era contratado diretamente pelos fazendeiros para prestar serviço nessas propriedades. Na busca por trabalho, chegou a uma das fazendas localizadas no alto da Serra da Ventania. As terras pertenciam ao Sr. João Batista Ribeiro, conhecido como João Fortunato, que logo o contratou.

Foi naquela fazenda que ele e a filha do proprietário, Maria Fortunata, se apaixonaram. Em novembro de 1946, decidiram se casar. Ela tinha 18 anos de idade e ele, 23.

O início não foi fácil. Mesmo que Maria fosse filha de fazendeiro, eles sempre tiveram uma vida simples. Logo após o casamento, foram morar no pedacinho de terra que meu pai tinha herdado do meu avô. A pequena fazenda ficava perto da casa da minha avó paterna. Meu pai trabalhava na roça, enquanto a minha mãe cuidava das plantações. Ela apanhava café e cultivava milho, feijão, arroz... tudo que fosse necessário para o consumo da família.

O respeito e o amor entre os dois eram admiráveis. Meu pai sempre foi um exemplo de marido e estava ao lado da minha mãe o tempo todo. Os dois adoravam crianças e queriam construir uma grande família.

Não demorou muito e os filhos começaram a chegar. Em 1947, nasceu Antonio, meu irmão mais velho. Foi uma alegria imensa. Quando tinha apenas 2 anos de idade, porém, ele adoeceu. O principal sintoma foi uma febre alta, que não baixava. Começaram a tratá-lo na própria fazenda, como era o costume local. Mas a temperatura não cedia.

O acesso a médicos e mesmo ao transporte para a cidade era muito difícil. Para chegar a um hospital, era preciso percorrer os 36

Minha mãe, Maria Fortunata Cardoso, e meu pai, Pedro Chaves Cardoso

quilômetros que separavam a casa onde eles moravam e a cidade de Araxá. Sem ônibus ou outros meios de locomoção, todas as famílias que moravam naquela região ficavam dependentes de caronas de parentes ou conhecidos.

A preocupação foi aumentando, e meus pais decidiram procurar alguém que pudesse levá-los até a cidade. Localizaram um vizinho que podia dar carona e conduziram o menino até o hospital mais próximo. Ele chegou a ser internado, mas era tarde demais. Com pouco mais de 2 anos de idade, ele não resistiu.

Até hoje, não sabemos ao certo o diagnóstico de Antonio. Acho que a tristeza foi tanta que meus pais não tiveram forças para buscar explicações. A fé em Deus, sempre forte e presente na família, foi o que os levou adiante. Católicos, apoiaram-se na religião para superar a dor da perda do primeiro filho e continuar caminhando.

Cerca de um ano e meio depois, minha mãe engravidou novamente. Meu irmão João Chaves nasceu em 14 de maio de 1949. Depois de mais dois anos e meio, em 24 de novembro de 1951, chegou Joel e, em 1953, nascia a primeira e única menina da família, minha querida irmã Leonilda Maria, chamada por todos de Nedinha. A casa estava ficando cheia, como os meus pais sempre tinham sonhado.

Todos nasceram na mesma fazenda, na pequena região de Itaipu, aos cuidados da mesma parteira. Como era a mais velha de doze irmãos, minha mãe não pôde contar muito com a ajuda da minha avó materna para cuidar dos filhos pequenos. Na verdade, era até comum minha mãe e minha avó estarem grávidas ou amamentando na mesma época. Quem ajudou muito minha mãe foi minha avó paterna, Maria Lorinda.

Quando eu nasci, em 1º de abril de 1956, o período pós-parto da minha mãe foi muito complicado. Ela teve uma hemorragia e precisou ser levada às pressas para a cidade. Depois de examiná-la, o médico concluiu que ela não poderia mais ter filhos. A notícia foi recebida com muita tristeza, afinal, a paixão por crianças era um sentimento genuíno compartilhado pelos meus pais. Por questões de saúde, os médicos decidiram que a melhor alternativa seria submetê-la a uma cirurgia de laqueadura de trompas. Interromper definitivamente os riscos de uma nova gravidez seria a garantia de uma vida mais saudável para a minha mãe.

A família Chaves estava completa. Éramos quatro crianças fortes e saudáveis em casa! Cuidar de quatro filhos era trabalho duro, e isso o meu pai fazia como ninguém. Todos os dias, ele acordava cedo para trabalhar na roça. João e Joel, os filhos mais velhos, seguiram os passos dele desde pequenos. Eram grandes companheiros e aprenderam tudo sobre a rotina e o dia a dia nas fazendas. Diariamente, os três saíam juntos para as lavouras. Em uma época em que não existiam tratores e os campos e pastos precisavam ser limpos manualmente, o volume de trabalho era grande: limpar pastos, capinar, tirar leite, entre outras tarefas.

> **Como estávamos sempre juntos, éramos mais que irmãos. Sempre fomos grandes companheiros.**

Na época da alfabetização, João e Joel foram para a escola rural, onde aprenderam a ler e a escrever e receberam as primeiras lições escolares. Enquanto isso, eu e minha irmã acompanhávamos os passos de minha mãe. Como estávamos sempre juntos, éramos mais que irmãos. Sempre fomos grandes companheiros.

Minha mãe conta que, como eu fui o último dos filhos a nascer, ela me amamentou até os 2 anos de idade. Quando eu tinha 3 anos, ela precisou ajudar em casa e começou a trabalhar nas plantações de café. Todos os dias, quando o sol sinalizava os primeiros raios no céu, meu pai e meus irmãos saíam para limpar os pastos das fazendas próximas. Na mesma hora, eu, minha mãe e minha irmã saíamos em direção aos cafezais.

Foi uma época fantástica. Minha mãe trabalhava na colheita, enquanto eu e Nedinha ficávamos deitados debaixo do pé de café, observando o céu e as nuvens. Ali, brincávamos e nos divertíamos, sem pressa de ir embora nem preocupação com as dificuldades pelas quais a família passava.

O pedaço de terra onde morávamos era do meu pai. Eram cerca de seis alqueires: um pedaço de terra pequeno, que, mesmo com as plantações para o nosso consumo, não era suficiente para cuidar de toda a família. Na nossa casa, não havia água encanada. A gente descia até um riacho que ficava ali pertinho para pegar água para beber, cozinhar e limpar a casa. Minha mãe lavava a roupa no rio e eu sempre a acompanhava na caminhada.

A nossa casa foi construída com estrutura de madeira e tijolos de barro. O telhado era de telha e o chão, de terra batida. Quando chovia na região, normalmente havia raios, trovões e ventos muito fortes. Minha mãe tinha muito medo de desabamentos. Quando meu pai e meus irmãos não estavam, ela, com o instinto protetor de toda mãe, logo pensava em alguma forma de garantir a nossa segurança. Muitas vezes, eu e Nedinha éramos colocados dentro dos armários ou embaixo das mesas.

Não achávamos ruim. Esperávamos a chuva passar para sair correndo pela fazenda. Para nós, chuva era sinônimo de diversão. Alguns lugares ficavam tão escorregadios que formavam verdadeiros tobogãs. Eu e Nedinha sentávamos na terra e descíamos escorregando, aproveitando o fluxo da água da chuva. Subíamos e descíamos sem parar. Na hora de voltar para casa, estávamos imundos de lama, um registro claro de que a diversão havia sido completa.

Após as chuvas, a terra também ganhava novos tons. Apareciam borboletas de todas as cores e tamanhos. Havia borboletas azuis, amarelas, brancas e coloridas. Eu adorava persegui-las. Por mais que eu corresse, eu sabia que seria impossível alcançá-las. Mas o objetivo da brincadeira era sentir o vento, a sensação de liberdade e aproveitar o cheiro da terra molhada.

Eu também adorava me esconder embaixo de um pé de pimenta. Certo dia, quando meu pai chegou em casa, corri para o pé de pimenta e fiquei lá bem quietinho. Nedinha sabia onde eu estava, mas, minha eterna cúmplice, guardou o segredo. Todos ficaram preocupados e saíram me procurando por todos os lados. Naquele dia, tirei o meu pai do sério. Ele ficou muito nervoso, e, quanto mais eu ouvia a voz dele, mais me escondia. Quando ele finalmente me encontrou, recebi uma das maiores broncas da minha vida.

Os meus avós e tios, por parte tanto de mãe quanto de pai, estavam sempre por perto. Minha avó paterna tinha um problema na perna e caminhava sempre com uma bengala. As irmãs da minha mãe moravam mais longe e, quando chegavam em casa, era uma festa. Como a nossa casa era pequena, precisávamos preparar tudo: buscávamos colchões emprestados nos vizinhos, roupas de cama, minha mãe pensava nas comidas. À noite, dormíamos todos esparramados pelo chão.

Apesar da união da família e de todos os esforços dos meus pais, a situação financeira lá em casa não caminhava bem. O dinheiro já não era suficiente para sustentar todos nós. Meu pai precisava resolver aquilo e melhorar o dia a dia da família. Com quatro filhos para criar, ele não podia perder tempo. Precisava buscar uma solução e, com grande aperto no coração, decidiu que era o momento de tentarmos a vida na cidade. "Vamos embora para Araxá que eu vou arrumar um serviço por lá", anunciou para nós.

O ano era 1960. Apesar de eu ter apenas quatro anos na época, me lembro muito bem do dia em que fomos para a cidade. Estava nublado e com "cara de chuva". Parecia que até o céu estava triste com a nossa partida. Os nossos pertences eram tão poucos que couberam em uma única e pequena caminhonete. Carregamos o carro, deixamos as terras aos cuidados de um dos irmãos do meu pai, que morava na casa vizinha à nossa, e fomos embora pela primeira vez.

Chegamos em Araxá e alugamos uma casa ao lado da dos meus avós maternos. Foi um período curto, mas muito importante para mim. Como eu era o caçula, meus tios aproveitavam para brincar comigo. Havia na casa um carrinho de madeira que parecia uma carriola. Certo dia, o tio Israel não pensou duas vezes: me colocou dentro do carrinho e saiu para passear. Foi muito divertido, rodamos por toda a cidade! Mas, quando chegamos em casa, estavam todos tensos. Meus pais já haviam nos procurado por todos os lados. Israel havia se esquecido de avisar sobre o passeio e acabou dando um grande susto em toda a família.

> **Ele foi um dos primeiros trabalhadores braçais da mineradora. Mas não estava feliz. Sua vida era na fazenda.**

Meu pai, sempre muito determinado e com uma força de vontade ímpar, conseguiu rapidamente um trabalho na antiga DEMA (Distribuidora e Exportadora de Minérios e Adubos), que mais tarde passou a ser a CBMM. Ele foi um dos primeiros trabalhadores braçais da mineradora. Mas não estava feliz. Sua vida era na fazenda, e ele logo percebeu que não conseguiria se adaptar.

Depois de apenas um mês de trabalho na cidade, resolveu fazer as malas e voltar. Ele estava certo de que conseguiria melhorar a nossa situação financeira na própria fazenda, e não mediu esforços para isso. Voltamos, e ele decidiu vender as terras que tinha herdado do meu avô e a casinha na qual morávamos. Com o dinheiro e um financiamento, comprou outra fazenda, agora mais perto das terras dos meus avós maternos, e ampliou o plantio. Além das lavouras para consumo próprio, comprou algumas vacas leiteiras para aumentar a renda com a venda de leite e a produção de queijo. Em alguns meses do ano, também saía para trabalhar em outras regiões e ficava quase um mês longe da família.

Minha mãe não ia mais para as plantações. Além de cuidar de nós, ela começou a se dedicar a uma das suas grandes paixões: as criações. Ela cuidava das vacas, tirava leite e produzia os queijos para vender. A situação começou a melhorar. Nas terras que sobraram, meu pai plantou café e arroz.

Naquela época, Nedinha e eu recebemos as nossas primeiras atribuições. Como ainda éramos pequenos, nossa missão era proteger as plantações dos ataques dos passarinhos. Após o plantio do arroz, os passarinhos sempre rodeavam as terras para buscar comida. Quando o arroz acabou de ser plantado, o pássaro-preto é o maior vilão. Ele mergulha e arranca a semente de dentro da terra. Depois, quando o arroz cresce e nasce o primeiro cacho, é a vez das maritacas se juntarem aos pássaros-pretos e rodearem as plantações.

Eu ficava vigiando um lado da lavoura e Nedinha do outro. Cada um ganhava uma espécie de vasilha e, caso algum pássaro surgisse, tínhamos de fazer barulho para espantá-lo.

No período das plantações e colheitas do café, eu e Nedinha também estávamos lá com as nossas atribuições. Vigiávamos a lavoura nas épocas da plantação, do crescimento e da colheita. Na fase em que o café já estava crescido, também recolhíamos todos os grãos caídos no chão. Agachávamos sob os cafezais e pegávamos grão por grão.

Passar o dia monitorando os passarinhos ou recolhendo os grãos de café era um grande desafio para mim. Desde pequeno, sempre fui muito medroso. Eu tinha medo de tudo: de bicho, de assombração, da minha própria sombra. Até hoje, não sei explicar o porquê de tanto medo. Eu tremia e contava as horas para voltar para casa. Naquela época, busquei sozinho alguma forma de me acalmar. Eu dizia para mim mesmo: "Cézar, tudo passa. Daqui a pouquinho, você estará em casa dormindo".

Esse "tudo passa" ficou gravado na minha memória e o levo comigo sempre. Por mais difícil que seja a situação, por mais medo que tenhamos, de fato, tudo passa. Nenhuma situação é tão ruim que permaneça para sempre. Da mesma forma, nenhum momento bom é eterno. Até hoje, quando estou na minha fazenda, relembro daqueles dias que passei nos cafezais e nas plantações de arroz e posso afirmar que, realmente, na vida "tudo passa".

Quando todos voltávamos para a casa, já no começo da noite, era o momento de brincar com o meu pai. Ele sempre foi muito brincalhão e, mesmo após um dia pesado na roça, estava disposto a se reunir com os filhos. Todos os dias, ao chegar do serviço, ele tomava banho e se preparava para brincar com a gente. Rolava no chão, fazia piadas e adorava contar histórias. Mas não eram contos de fadas, não! Meu pai gostava mesmo era de contar histórias de assombração.

A casa tinha um fogão a lenha, que, quando estava frio, era o local ideal. Meu pai reunia meus irmãos e eu, pegava o seu banquinho e o colocava em cima do fogão. Nós sentávamos à sua volta, ele acendia um cigarro de palha e começava a inventar histórias. Para completar o cenário, às vezes ele aproximava o cigarro de nossos braços e pernas, criando um verdadeiro clima de terror. Eu saía da cozinha agarrado à minha irmã, morrendo de medo.

Quando meus pais e meus irmãos saíam à noite, eu e Nedinha ficávamos sozinhos na fazenda. A gente se debruçava na janela e esperava o tempo passar. Em frente à nossa casa, havia algumas laranjeiras. Quando o sol se punha, os pássaros vinham para dormir nas árvores e voavam de um galho para o outro, derrubando inúmeras frutas. O chão ficava forrado de laranjas, em contraste com o verde da grama e das árvores. Quando as laranjas caíam, o susto era enorme. A gente se olhava e se abraçava, protegendo um ao outro.

Para as brincadeiras, também não faltava imaginação. Uma das preferidas da minha irmã era fazer "comidinha" ou, como gostávamos de falar, brincar de "cozinhadinha". Saíamos pela fazenda para pegar gravetos, fazíamos um buraco na terra e pegávamos folhas de bananeira e banquinhos. A diversão era preparar tudo e fazer de conta que estávamos cozinhando com a terra.

A vida era simples e feliz. Muitas vezes, não tínhamos nem mesmo sapatos, e quem costurava as nossas roupas era a minha mãe. Mas não faltava comida e ninguém passava mais frio que o suportável.

Naquela época, além de trabalhar na roça, meu pai também se tornou vigia noturno na construção da BR-262, que liga Araxá a Uberaba. Todas as noites, ele ia para o acampamento, que ficava a cerca de dez quilômetros da casa onde morávamos.

Para ficar mais perto dele, eu o acompanhava no trajeto. Quando a noite chegava, eu subia na garupa do cavalo e ia com ele até o acampamento. Meu pai ficava trabalhando, e eu voltava sozinho com o cavalo. Pela manhã, eu ia buscá-lo bem cedo. Mesmo com medo, eu adorava, pois podia ficar mais tempo com ele.

Eu já estava com quase 10 anos e ainda não tinha ido para a escola. Eu queria acompanhar os meus irmãos João e Joel na escola rural, mas, como ficava longe, meu pai não me deixava ir.

Meu pai nos transmitiu valores que permaneceriam conosco pelo resto das nossas vidas. Ele nos ensinou que deveríamos ser pessoas honradas, trabalhadoras e honestas. Mas ele não pôde nos ensinar a escrever: meu pai era analfabeto. Ele escrevia o pró-

> **A vida era simples e feliz. Muitas vezes, não tínhamos nem mesmo sapatos, e quem costurava as nossas roupas era a minha mãe. Mas não faltava comida e ninguém passava mais frio que o suportável.**

prio nome, mas não conseguia lê-lo. Ele tinha o sonho de ver um dos filhos formado em uma faculdade. Queria ter um filho "doutor". João e Joel precisaram acompanhá-lo nas lavouras desde cedo e estudar na escola rural, mas, para mim, meu pai sonhava com os estudos na cidade.

O tempo ia passando e eu continuava ali, sem nunca ter frequentado uma sala de aula. Certo dia, meu irmão mais velho resolveu mudar aquela situação e me ensinou a escrever o meu próprio nome. Minha prima Merentina Fernandes, casada com João Chaves Sobrinho, um dos sobrinhos do meu pai, era professora de roça e também quis ajudar. Ela me ensinou as primeiras lições e, enfim, comecei a ser alfabetizado.

Aprendi as letras e meu nome. Mas se eu realmente quisesse aprender – e quem sabe chegar a ser "doutor", como era o sonho do meu pai –, teria de voltar a Araxá. Em Itaipu, não havia condições de eu ter o estudo que meus pais desejavam para mim. Mais cedo ou mais tarde, a mudança aconteceria e eu precisaria me afastar das pessoas que eu mais amava. Uma separação difícil, que marcaria a minha vida para sempre.

ENSINAMENTO 1
SEJA RESILIENTE

Muitos dos nossos valores, aquilo em que realmente acreditamos, vêm da nossa criação e da nossa família. Adquirimos crenças ao longo do nosso caminho, mas a importância da primeira infância na formação do caráter de qualquer pessoa é inquestionável. Recebemos lições desde pequenos e carregamos essas crenças por toda a vida. Os valores de uma pessoa representam a sua real essência.

Também aprendemos que tudo passa e que precisamos superar os nossos medos para ir adiante. No trabalho ou na vida pessoal, ao depararmos com algum grande desafio, temos de ter coragem e fé de que aquele momento de dificuldade logo será superado. O desafio maior é vencer os nossos próprios dilemas, as nossas próprias inseguranças.

Para chegar ao final do dia e nos divertir – como fazíamos com o meu pai –, passávamos antes pelo trabalho e pelo desafio de ficar sozinhos vigiando toda a plantação. Tudo na vida passa, sejam os momentos ruins ou os bons. Precisamos de resiliência para superar os obstáculos com mais facilidade e para conquistar o que quisermos.

CAPÍTULO 2

A MUDANÇA PARA A CIDADE E A PERDA DO MEU PAI

Desde a morte do meu avô paterno, em 1947, minha avó morava sozinha em Araxá. Lembro que ela tinha a pele bem clara e estatura baixa e, assim como o meu pai, era muito batalhadora. Ela estava idosa e o antigo problema na perna já comprometia a sua locomoção. Foi nessa época que os irmãos do meu pai começaram a ficar preocupados e decidiram que ela precisava de ajuda. Logo pensaram: "Os netos podem ser uma boa solução para fazer companhia e cuidar da avó".

Na mesma época, lá em casa, a ideia de que eu precisava deixar Itaipu para estudar estava cada vez mais forte. Apesar de o ano já estar quase na metade, meus pais, que há tempos tinham decidido que eu precisaria morar em Araxá, pensaram muito no assunto e resolveram que eu não deveria mais esperar. Era hora de começar a minha vida escolar, e aquele era o momento ideal para eu me mudar para a cidade.

João, meu irmão mais velho, já estava com 19 anos e se mudou para a casa da minha avó materna para fazer o Tiro de Guerra. Nedinha também foi para Araxá. Aos 14 anos, ela foi morar na casa de uma das minhas tias maternas para estudar corte e costura. Joel continuava ao lado do meu pai, batalhando na roça diariamente. Com o sonho de servir

> **Apesar de querer muito ir para a escola, ficar longe da minha mãe era algo inimaginável. Eu nunca havia pensado que poderia, algum dia, ficar longe dela.**

o exército, ele aguardava ansioso pelo momento de se alistar!

Em agosto de 1968, meus pais me chamaram para conversar e me comunicaram que eu também iria me mudar: "A oportunidade de você ir para a cidade e estudar é agora, Cézar!", anunciou meu pai.

No dia 12 de agosto de 1968, um amigo de meu pai passou, por acaso, na nossa fazenda. Meus pais não tiveram dúvidas: era a oportunidade de aproveitar a carona e me mandar para a cidade. Lembro-me como se fosse hoje de quando minha mãe entrou no meu quarto, arrumou a minha mala e me chamou. "Meu filho, como já havíamos conversado, vamos aproveitar a carona do amigo do seu pai e vamos levá-lo para morar com sua avó. Você vai fazer companhia para ela e estudar", ela me disse.

Como assim? Eu iria embora e deixaria os meus pais lá? Não. Eu realmente não podia aceitar. Comecei a chorar imediatamente. Um choro sentido, profundo, de imensa tristeza e inconformismo. Eu estava com 12 anos. Apesar de querer muito ir para a escola, ficar longe da minha mãe era algo inimaginável. Eu nunca havia pensado que poderia, algum dia, ficar longe dela. Éramos muito próximos, e uma angústia, um medo e uma insegurança tomaram conta de mim. A sensação era como se eu estivesse sendo arrancado, à força, das pessoas que eu mais amava. Minha vontade era abraçá-los e não soltar mais. "Eu não vou! Eu não quero ir! Eu não quero ficar longe de vocês!", eu dizia, soluçando.

Mesmo diante da minha tristeza, subimos todos na caminhonete do amigo do meu pai, uma Rural antiga, e fomos em direção à casa da minha avó materna. Eu nem reparei na viagem. Sentia apenas aquela sensação de abandono que iria me acompanhar por décadas.

Hoje, pai de duas mulheres, sei que não há nada mais duro para um pai e uma mãe do que viver longe de seus filhos. Tenho certeza de que, se eu sofri naquele momento, eles também sofreram com a separação e, principalmente, por ver o meu sofrimento. Sei também que era o melhor que eles podiam fazer por mim. E, como todo pai e toda mãe, eles estavam pensando no meu futuro.

Chegando à casa da minha avó, fiz de tudo para não chorar. Tentei me controlar ao máximo e segurar aquele sentimento. Não queria deixar a minha avó triste, afinal, ela não tinha culpa e precisava de mim.

As horas pareciam não ter fim. Para me acalmar, eu me lembrava dos dias em que cuidava das lavouras de café e arroz e dizia para mim mesmo: "Calma, Cézar, tudo passa…".

Consegui evitar o choro somente no primeiro dia. No segundo dia, não teve jeito. Lembro que eu estava sozinho no quarto, onde eu passaria noites assombrosas, e me debrucei na janela. Comecei a olhar o pôr do sol e só conseguia pensar na fazenda dos meus pais, onde, até aquele dia, havia passado os melhores momentos da minha vida. Pela primeira vez depois que chegara na casa de minha avó, não consegui controlar o choro. Era um choro inconsolável. Eu dizia para mim mesmo: "Não quero ficar. Quero voltar para a fazenda. Quero minha mãe, quero meu pai".

Não teve jeito. Quando somos pequenos, ainda não escolhemos sozinhos os nossos caminhos. A decisão estava tomada e eu ficaria lá para estudar. Era o desejo dos meus pais e da minha família. E assim foi feito. Mesmo no meio do ano, logo que cheguei à casa da minha avó, uma das minhas tias paternas conseguiu me matricular no Grupo Escolar Dr. Eduardo Montandon.

Enfim, eu tive a oportunidade de saber o que era uma sala de aula! Ingressei no primeiro ano do primário, hoje equivalente ao segundo ano do fundamental. Logo de início, comecei a me destacar. Eu já era muito adiantado! Como tinha recebido algumas aulas na fazenda, eu me destacava em relação às outras crianças. Em pouco tempo, eu era o primeiro da sala. Tirava dez em tudo. Acredito que, se eu tivesse entrado no quarto ano, teria dado conta! Diferentemente do que acontece nos dias atuais, mesmo sem cursar o ano todo, consegui passar para a segunda série no final de 1968.

Apesar da facilidade nas aulas e das excelentes professoras, a adaptação escolar não foi muito simples. Por conta da diferença de idade, eu era motivo de piada entre os colegas. Hoje, seria um típico caso de *bullying*. Como eu já tinha 12 anos, eu era o maior e o mais velho da turma, formada basicamente por crianças de 7 e 8 anos. Com a diferença de idade, foi difícil fazer amigos. Eu me sentia isolado, o que dificultava ainda mais a minha integração.

Na casa da minha avó, os dias também não eram fáceis. Sempre muito durona, ela não me deixava sair de jeito nenhum. Eu, que até então estava acostumado a viver na fazenda, sempre ao lado da minha irmã inseparável, me via agora longe da família, longe da minha irmã, sozinho, preso na casa da minha avó e isolado nas aulas.

Quando voltava da escola, eu passava os dias cuidando da minha avó e dos serviços domésticos. Com dificuldade para andar, ela já não conseguia nem mesmo varrer os cômodos da casa. Eu fazia tudo o que podia: varria, lavava louça, arrumava as camas. Minha avó conseguia fazer o almoço e o jantar, mas quem colocava tudo em ordem era eu!

Nos fundos da casa, havia uma horta muito bonita, onde plantávamos couve e outras verduras. Também havia um galinheiro. Como já estava acostumado com plantações e criações, eu também era responsável pela horta e pelas galinhas.

Quando a noite começava a chegar, a minha angústia aumentava. Desde o primeiro dia em que fui para a cidade, a minha avó me colocou para dormir sozinho em um quarto. Todas as noites eram verdadeiros pesadelos. Eu me virava na cama, de um lado para o outro, e não conseguia dormir de tanto medo.

Era a primeira vez que eu ficava em um quarto sem companhia. Na primeira fazenda, quando eu ainda era muito pequeno, eu dividia a cama com a minha mãe. Depois, quando nos mudamos para a outra fazenda, a casa era grande e eu dormia em um quarto com o João, o meu irmão mais velho.

Algumas vezes, Nedinha ia passar a noite na casa da minha avó. Era um alívio tê-la por perto! Eu me sentia muito mais seguro e, enfim, não ficava tão sozinho. Mesmo sendo irmãos, minha avó não permitia que dormíssemos no mesmo quarto. Eu ficava sozinho em um cômodo e Nedinha, em outro. Nós esperávamos a minha avó dormir e eu ia para o quarto da Nedinha. Era como se a calma e a tranquilidade tomassem conta de mim. Eu esquecia o medo e me sentia acolhido novamente, sem me importar com a bronca que receberia no dia seguinte.

Entre escola, serviços domésticos, horta e galinheiro, eu passava os meus dias também esperando pela visita dos meus pais. Meu pai e minha mãe vinham para a cidade uma vez a cada quinze dias ou uma vez por mês.

Um dos meus tios paternos, conhecido como "tio Miúdo", era a única pessoa que tinha uma caminhonete na época. Quando ele vinha da fazenda para a cidade, sempre trazia pessoas para visitar as famílias. Eu transbordava de alegria quando a minha avó avisava que estava esperando o tio Miúdo chegar. Era certo que, naquele dia, meu pai estaria com ele e passaria algumas horas comigo!

Às vezes, eles chegavam bem cedo e iam embora à tarde. Outros dias, eles dormiam na casa e acabavam fazendo companhia para mim. Esses dias eram os únicos em que eu realmente me sentia feliz na casa da minha avó. A saudade era grande, e, quando eles iam embora, eu só pensava em quando poderiam voltar.

Outros primos, tios e parentes mais distantes também "pousavam" na casa da minha avó de vez em quando. Eu adorava quando alguém dormia por lá. Como a família era muito grande e muitos moravam na roça, a casa na cidade se tornou um grande ponto de apoio, fosse para comer, para dormir ou apenas visitar.

Naquela época, somente Joel vivia na roça com os meus pais. Esse tempo foi muito importante para ele ficar ainda mais próximo dos pais. Joel tinha o sonho de servir o exército e ir para São Paulo ou para Brasília. O que significava que, um dia, também deixaria a fazenda.

Em alguns finais de semana, eu e minha irmã tínhamos a oportunidade de ir para a fazenda. Nedinha dormia na casa da minha avó, e acordávamos às 4h30 da madrugada para ir até a casa do dono do caminhão que buscava leite nas fazendas vizinhas. Essa era uma das poucas formas de chegar à casa dos meus pais.

Saíamos sozinhos. Lembro-me de que as ruas tinham pouca iluminação, muitos cachorros soltos e alguns andarilhos dormindo nos terrenos vagos. Mais uma vez, o medo tomava conta de nós dois. Mas a saudade e a vontade de chegar à fazenda e ver os nossos pais eram tão grandes que conseguíamos superar qualquer desafio.

Nós subíamos no caminhão cheio de latas, sentávamos em um banquinho que tinha na parte da frente e ficávamos ansiosos aguardando o Sr. Ovídio, o leiteiro, chegar.

Quando entrávamos em casa, não havia tempo para tristeza ou desavenças. Aquele era o momento de estarmos unidos, renovando

> **A notícia chegou como uma bomba. Ele sempre foi o nosso alicerce e a nossa referência. De repente, ficamos sabendo que ele poderia ir embora, para sempre, a qualquer momento.**

as energias para superar a semana seguinte. Era como se a paz e uma felicidade profunda tomassem conta de nós. Tínhamos tudo o que queríamos e de que precisávamos: estávamos juntos, de novo, naquela fazenda... No domingo, era hora de voltar e recomeçar. Escola, casa, horta, expectativa pelas visitas de Nedinha ou dos meus pais e pela oportunidade de passar mais um final de semana com todos.

Pouco tempo depois de eu me mudar para a casa da minha avó, o meu pai começou a se sentir mal. Ele dizia que tinha o coração forte, mas as tonturas estavam constantes e, em uma das visitas a Araxá, ele foi ao médico da cidade. Em uma época na qual pouquíssimos locais faziam exames complexos e em que os diagnósticos eram imprecisos, os sintomas exigiam a realização de um eletrocardiograma. A cidade mais próxima na qual ele conseguiria fazer o exame era Uberaba. Porém, o agendamento precisava ser feito com trinta dias de antecedência. Entre encontrarem um local para fazer o exame, agendar e realizar, de fato, a análise, foram quase dois meses de luta.

A demora na detecção da doença foi crucial. Quando conseguiu realizar o eletrocardiograma e retornar ao especialista, já era tarde. Meu pai estava com doença de Chagas em estágio bem avançado. Nos dias atuais, ainda caberiam ações e recursos para tentar reverter o quadro. Mas, em 1969, não!

O médico deu o diagnóstico, e era preciso comunicar a família. Minha mãe, sempre uma grande guerreira, protetora e conciliadora, tomou para si a difícil missão de informar a todos sobre o quadro de saúde do meu pai.

Lembro que, logo após receberem o diagnóstico, meus pais foram até a casa da minha avó conversar comigo. Minha mãe me chamou para o quintal e me deu uma das notícias mais tristes da minha vida: "Temos o resultado do exame do seu pai. Ele não tem vida para muito tempo. Se ele conseguir viver mais três meses, vai ser muito. O médico pediu para eu avisar a todos".

A notícia chegou como uma bomba. Ele sempre foi o nosso alicerce e a nossa referência. De repente, ficamos sabendo que ele poderia ir embora, para sempre, a qualquer momento. Senti um vazio, uma tristeza e uma insegurança imensos. O que faríamos sem ele por perto?

Como sempre, mesmo com o diagnóstico, meu pai não queria que ninguém perdesse o foco em seus objetivos. Ele continuou reforçando todos os seus ensinamentos para nós, e não me lembro de vê-lo triste ou abatido. Para ele, a vida, mesmo com pouca expectativa, continuava, e nós deveríamos manter os nossos caminhos. Eu continuei a estudar, Joel o acompanhava na roça e esperava pelo alistamento no exército, João estava no Tiro de Guerra e Nedinha focada no curso de corte e costura.

Em dezembro de 1969, quando terminei o segundo ano e passei para o terceiro ano primário, decidi que queria trabalhar. Já me sentia grande e preparado para arrumar um serviço!

Um amigo próximo ficou sabendo que o Grande Hotel Barreiro, um dos principais de Araxá, estava com duas vagas para mensageiro. Era aquilo de que eu precisava! Eu e um vizinho saímos de casa cedo e fomos até o hotel. Esse amigo da família já havia comentado sobre nós para os responsáveis do hotel. Chegando lá, fomos entrevistados e logo contratados.

Retornei à casa da minha avó já com tudo resolvido. Iria começar a trabalhar na semana seguinte ao início das férias escolares. Eu estava muito feliz com a conquista e queria contar para o meu pai. Contei para a minha avó e disse que pegaria o trem de ferro para ir até a fazenda contar a novidade. Era o dia 8 de dezembro de 1969.

O destino realmente nos reserva surpresas inimagináveis. Naquele mesmo instante, quando eu estava a caminho da estação de trem, o meu pai chegou à casa da minha avó, vindo com o tio Miúdo, de caminhonete. Logo que chegou, perguntou: "Onde está o Cézar?".

Minha avó contou sobre o emprego e informou que eu havia acabado de sair em direção à estação. Ela comentou com o meu pai que eu estava eufórico para contar tudo para ele. Mas meu pai não gostou nada da notícia e disse para a minha avó: "Não quero que Cézar trabalhe agora. Ele está muito novo, e aquele hotel é muito alto e perigoso. Eu quero que Cézar fique por conta de estudar. Quero que Cézar um dia seja doutor".

Acompanhado de Joel, meu pai saiu correndo em direção à estação. Eu já estava sentado no vagão e o trem estava quase partindo. Ouvi o meu pai me chamando e me debrucei pela janela, estendendo-lhe a mão. Meu pai pegou a minha mão e disse:

> **Eu estava muito feliz com a conquista e queria contar para o meu pai.**

"Meu filho, eu quero que você seja doutor. Eu quero que você estude. Não quero que comece a trabalhar tão cedo".

Foi a primeira vez que o meu pai falou diretamente para mim sobre o seu sonho de ter um filho "doutor" na família. Meu pai não queria que a gente passasse pelas mesmas dificuldades que ele e minha mãe tinham enfrentado. Queria e sonhava com um futuro melhor. Ele não tinha condições de deixar um legado financeiro para a gente. Mas, sem dúvida, deixou um berço de caráter, dedicação, honestidade e força de vontade.

O trem partiu; eu e meu pai não largávamos as mãos. Era como se sentíssemos que precisávamos ficar juntos, ali, de mãos dadas. Ele correu atrás do trem, me acompanhando e acenando até o final da estação. Parecia que, internamente, pressentia que aquela era a nossa despedida. Pressentia que, talvez, não nos víssemos mais.

Joel continuou com o meu pai e voltaram para a casa da minha avó. O motivo da ida deles para a cidade era alistar Joel para o Tiro de Guerra. Ele já estava com 18 anos e, apesar de já ser dezembro e o prazo de inscrição terminar em julho, eles poderiam pagar uma multa e conseguir o alistamento. Era a oportunidade de ajudar Joel a realizar o sonho de servir o exército.

No dia seguinte, Joel e meu pai foram até o local onde se fazia o alistamento para o Tiro de Guerra e se dirigiram ao Banco do Brasil para pagar a multa. Estavam os dois na fila e o meu pai percebeu que uma outra fila estava andando mais rápido, então disse: "Joel, fica nesta fila aqui" e saiu caminhando em direção à porta.

De repente, ele caiu.

Joel correu para ajudá-lo, colocando meu pai em seus braços. Mas não havia o que fazer. O diagnóstico do médico estava correto. Meu pai morreu, ali, nos braços do Joel, exatamente três meses após a descoberta da doença de Chagas.

Meu irmão estava sozinho com ele no banco. Tinha apenas 18 anos. Assistiu à morte do nosso pai e precisou, mesmo com toda a dor, arrumar forças para transmitir a triste notícia para a minha mãe e os nossos irmãos.

ENSINAMENTO 2
OLHE ADIANTE!

A única certeza que realmente temos é de que a vida nos reserva grandes surpresas. Somos surpreendidos, a todo instante, por situações nunca antes imaginadas. Muitas vezes, para atingir um objetivo, passamos por um período de grande dificuldade. Para poder estudar, eu precisei abrir mão de ficar perto dos meus pais. Por mais dura e difícil que fosse aquela decisão, era a certa e o melhor a fazer. Eles estavam pensando no meu futuro.

Muitas vezes, é difícil compreendermos as decisões dos nossos pais ou dos nossos superiores. Perguntamos o porquê de uma decisão que acreditamos estar apenas nos prejudicando.

Mas o problema é que olhamos para ela somente pela nossa perspectiva. Como jogadores de xadrez, precisamos tentar olhar mais adiante. Tentar identificar, além do momento atual, os ganhos e as perdas possíveis com cada jogada. Precisamos focar no futuro e identificar o que as nossas decisões de hoje irão nos proporcionar amanhã.

CAPÍTULO 3

A DIFÍCIL JORNADA PARA UNIR ESTUDO E TRABALHO

A morte do meu pai mudou os rumos de toda a família. Apesar de conscientes da doença e da baixa expectativa de vida, era impossível estarmos preparados para uma perda como aquela. Foi como uma grande tempestade que trouxe um horizonte cinza e nublado para todos nós. Éramos muito unidos e, de certo modo, perdemos a nossa referência.

"Quando o meu pai morreu, tudo desabou. Na época, dependíamos demais dele. Não tínhamos experiência de vida para conseguir alguma coisa sem o conselho do meu pai. Foi bem difícil. Sem dúvida, a fase mais difícil pela qual passamos", relembra meu irmão João.

Nos dias e nas semanas seguintes à morte do meu pai, a única coisa que podíamos fazer era ficar juntos na fazenda. Eu, assim como os meus irmãos, estava inseguro e com medo. Minha mãe, sempre uma grande guerreira, estava sozinha aos 40 anos e precisava levar a vida adiante.

Passadas as primeiras semanas após a perda, começamos a pensar no que iríamos fazer e em como continuaríamos a nossa caminhada. Graças a muito trabalho, o meu pai tinha conseguido deixar a fazenda estruturada. Se nós conseguíssemos dar continuidade ao trabalho, garantiríamos o sustento de todos. Como eu e Nedinha ainda éramos muito pequenos, a responsabilidade recaiu sobre os meus irmãos mais velhos.

Joel, que guarda a triste lembrança de ter presenciado a morte do nosso pai, precisou adiar o sonho de viver em Brasília ou São Paulo e dedicou-se integralmente à lavoura e ao curral. João, com 21 anos, assim que acabou o Tiro de Guerra, também voltou para a fazenda. Nedinha estava com 16 anos e também já sentia que era hora de voltar e ficar perto da nossa mãe e dos nossos irmãos.

Eu estava com 13 anos de idade. Adolescente, ainda com muitas dúvidas sobre estudo, trabalho e família, tive a sensação de ter perdido o meu pai no momento em que eu mais precisava dele. Não só o amor e a presença dele me faziam falta, mas eu também precisava de alguém que me orientasse, que me ajudasse a escolher um caminho. O meu pai fez falta demais. Eu sofri muito com a ausência dele. Um filho sempre se espelha muito no pai, e eu, de uma hora para outra, perdi essa referência. Eu realmente cheguei a pensar que não iria conseguir ser alguém na vida. Cheguei a pensar que, sem o meu pai para guiar o meu caminho, eu jamais seria um homem bem-sucedido. Apesar de eu já estar morando com a minha avó e de não ter mais aquele contato diário com ele, a falta que eu sentia era enorme. Saber que ele não estava mais lá para me orientar, me acalmar e me guiar era um grande pesadelo que parecia não ter fim.

> **"Adolescente, ainda com muitas dúvidas sobre estudo, trabalho e família, tive a sensação de ter perdido o meu pai no momento em que eu mais precisava dele.**

Nas semanas seguintes à morte do meu pai, quando fiquei na fazenda, pensei muito sobre o que fazer. Eu me questionava se deveria voltar para a casa da minha avó, se deveria continuar estudando ou se deveria começar a trabalhar no Grande Hotel do Barreiro. Eu gostava da minha avó paterna e a respeitava, mas a verdade era que eu queria ficar perto da minha família imediata. Eu queria conversar com as pessoas, queria trabalhar e também estudar. Eu era um adolescente e, apesar de já viver com ela há um ano e meio, eu queria o aconchego da minha mãe e dos meus irmãos.

As aulas recomeçariam em fevereiro e eu precisava decidir rápido. Em meio àquele turbilhão, decidi seguir a vontade do meu pai. Não fui trabalhar no Barreiro, voltei à casa da minha avó e retomei os estudos em fevereiro. Fui matriculado no terceiro ano primário.

Em abril de 1970, completei 14 anos e, aos poucos, comecei a ficar mais próximo da família da minha mãe. Com a ausência do meu pai, a aproximação com a família Fortunato aconteceu naturalmente. Um dos irmãos da minha mãe, o tio Israel, começou a prestar mais atenção em mim e percebeu que, de fato, eu era muito adiantado na escola para cursar o terceiro ano.

"Eu acho um absurdo você, adiantado como é na escola, estar fazendo o terceiro ano. Vem morar com a gente que eu vou te colocar na Escola Lia Salgado. E vou te matricular no quarto ano", disse.

E foi o que fizemos. Apenas três meses após eu ter iniciado o terceiro ano, em maio de 1970, deixei a casa da minha avó paterna e me mudei para a casa dos meus tios, irmãos da minha mãe. Um outro primo por parte de pai foi morar com minha avó para não deixá-la sozinha. Estava tudo resolvido!

Cursei o quarto ano na Escola Lia Salgado e, em 1971, iniciei o período chamado de "admissão" para ingresso no ginásio. Mas em agosto daquele ano decidi que era hora de voltar para a roça. Minha mãe e meus irmãos continuavam morando na fazenda e tentando manter a lavoura, as criações e as atividades iniciadas pelo meu pai. Fiz as malas, interrompi os estudos e voltei para a fazenda. Enfim, estava em casa, com as pessoas que eu amava, e poderia ajudá-las no dia a dia.

A principal renda da nossa família na época vinha da fabricação e da venda de queijos. Como eu era o caçula e tinha acompanhado pouco o meu pai, sabia muito menos que os meus irmãos. A saída era seguir todas as ordens que eles me passavam. Enquanto Nedinha e minha mãe trabalhavam com os queijos, eu e meus irmãos cuidávamos do curral e das lavouras e íamos capinar terras das redondezas.

Naquela época, João já namorava Cecília, que também estava sempre na fazenda. Ela tinha idade próxima à minha e à de Nedinha, o que contribuiu para que nos tornássemos grandes amigos.

> "O Cézar é o irmão que eu não tive. Na minha família, somos seis irmãs. Comecei a namorar o João um pouco antes do falecimento do meu sogro, Pedro Chaves. Acompanhei a época em que o Cézar voltou para a fazenda. Como ele era o mais novo, na minha visão, os irmãos se aproveitavam muito dele. Falavam assim: 'Vai buscar um cavalo; vai fazer isso...'. E o Cézar obedecia a todos. O João, como era o mais velho, era bem rigoroso com o Cézar. Falava com um tom meio bravo. Como tínhamos a mesma idade, eu não gostava de vê-lo sendo tratado daquela forma. Hoje, tudo mudou", relembra Cecília.

Eu já estava um pouco mais velho e comecei a perder um pouco o medo. Mas alguns acontecimentos ainda me assombravam.

Certo dia, estávamos todos na roça e voltei a cavalo levando as vacas para o curral. De repente, olhei para dentro de casa e vi uma imagem que era o meu pai debruçado na janela. Comecei a tremer de medo. Fui me aproximando devagar, e a imagem ficava cada vez mais nítida: era o meu pai mesmo! Ele estava em pé, ao lado da janela, com o chapéu que usava praticamente todos os dias!

Saí a galope para buscar o Joel. Quando o encontrei, fui logo falando: "Joel do céu, papai está lá em casa…". Eu não sabia se corria, se chorava, se tinha medo. Meu irmão disse: "Imagina, Cézar, não pode ser o papai. Isso não existe!".

Fomos, então, juntos, nos aproximando bem devagar. Quando estávamos chegando perto de casa, o Joel também avistou o nosso pai na janela e começou a ficar apavorado.

"Não pode ser, não pode ser", dizia Joel.

Somente quando já estávamos muito perto pudemos reconhecer quem era. Naquela época, as portas de casa ficavam sempre abertas. Todos os irmãos do meu pai eram muito parecidos com ele e, de vez em quando, vinham nos visitar.

O tio Zeca, que possuía uma estatura muito parecida com a do meu pai, chegou devagar, pegou o chapéu, colocou na cabeça do mesmo jeito que o meu pai fazia e se aproximou da janela de propósito.

"Ah, vocês estão com medo, né!", disse o tio Zeca, zombando do nosso pânico!

Entre 1971 e 1972, ficamos todos juntos na fazenda, trabalhando. Após três anos de namoro, João e Cecília se casaram. Com o forte crescimento da economia no início da década de 1970, Joel e João começaram a analisar alternativas para aumentar a renda com a lavoura. A saída foi levantar alguns empréstimos no banco e incrementar os negócios. Compraram mais algumas vacas, dobraram a produção de queijos e começaram a entregar leite. Do lado da lavoura, araram um campo enorme para plantação de milho e arroz. Os negócios começavam a prosperar. Joel comprou, inclusive, o primeiro carro da família, uma Kombi – algo que o meu pai nunca teve a oportunidade de conquistar.

Joel cuidava mais do curral e dos negócios com o leite. João ficava mais com a lavoura. Eu, como costumo dizer, "era pau para toda obra". Ajudava Joel e João em todos os afazeres. Pela manhã, buscava as vacas e tirava leite; depois, pegava a enxada e ia capinar.

Em 1973, a inflação começou a subir e o cenário começou a ficar preocupante. Naquele mesmo ano, uma fatalidade acabaria com o nosso sonho de continuar com a fazenda. Com grande parte do

João e Joel (da esquerda para a direita), na fazenda onde fomos criados

Joel, eu e um amigo (da esquerda para a direita)

campo de arroz quase pronta para colher, uma geada acabou com toda a plantação. Foi perda de 100% que deu início aos nossos problemas com dívidas e juros elevados.

> *"Fizemos alguns financiamentos para a plantação. Quando estava perto da época de colheita do arroz, uma geada matou a lavoura inteirinha. Não sobrou nada. Naquele momento, começaram as complicações com o banco, com o pagamento dos juros. Foi muito complicado e não tivemos condições de continuar. Tínhamos esperança naquela lavoura, mas, infelizmente, não deu certo", conta João.*

Eu não acompanhava os negócios de perto e estava realmente alheio aos problemas e às dificuldades financeiras da família. Fiquei sabendo das dívidas em uma conversa com minha mãe. Certo dia, ela me contou que todos estavam preocupados com a questão dos financiamentos e que não tínhamos mais como pagar.

Aquela situação me deixou revoltado. Se não tínhamos mais como pagar, precisávamos nos desfazer da fazenda e buscar rapidamente outra fonte de renda. Lembro que disse para a minha mãe, em tom de rebeldia e tristeza: "Está assim? Vamos vender isso aqui. Eu não fico aqui mais nem um dia. Vamos embora. Se vocês vão ficar, eu não sei. Eu vou voltar para a cidade".

Os meus irmãos, de fato, viram que não havia mais saída. Para quitar o que deviam e estancar a dívida, a solução era vender a fazenda. Tratava-se de uma decisão muito difícil, afinal o meu pai tinha lutado muito e a vida toda para nos deixar aquelas terras. Agora, teríamos de vendê-las.

> *"Lembro que chamei minha mãe e o tio Miúdo para conversar sobre o assunto. Meu tio era fantástico e nos ajudou muito naquela época. Ele disse: 'Filho, vende mesmo. Cada um traça o seu rumo, o seu caminho, a sua estrada'. E foi o que fizemos", relembra Joel.*

A venda foi bem rápida. Orlando Cardoso, fazendeiro vizinho, comprou as terras e tudo o que tínhamos. Com o dinheiro, pagamos as dívidas. Eu, Joel, Nedinha e minha mãe fomos para Araxá. Quando chegamos, alugamos uma casa temporariamente. Como sobrou um pouco de dinheiro, tratamos logo de comprar uma casa para a minha mãe – onde ela mora até hoje! O restante foi dividido em partes iguais. Todo o dinheiro proveniente da fazenda era sempre dividido entre todos nós. Nunca ninguém pegou um centavo a mais do que o outro. A partir daquele momento, cada um tinha a missão de buscar novas fontes de renda e novas formas de sustento.

João continuou trabalhando nas mesmas terras, mas, agora, como funcionário de Orlando Cardoso. Ele trabalhava como autônomo e continuava morando na roça com Cecília, que, naquele mesmo ano, deu à luz o meu primeiro sobrinho, Kerley Donizete Chaves.

> *"Quem escolheu o nome do meu filho mais velho foi o Cézar. Kerley era o nome do filho de uma radialista que a gente ouvia naquela época. Quando eu fiquei grávida, o Cézar disse: 'O nome do seu filho poderia ser Kerley!'. E assim nós fizemos",* conta Cecília.

Nedinha, pouco depois da mudança, casou e foi morar em Monte Carmelo. Joel foi em busca do sonho de morar em Brasília. Conseguiu um emprego rápido, no Supermercado Jumbo, e mudou-se para o Planalto Central. Ficamos, então, eu e a minha mãe em Araxá.

Já era início de 1974, e eu estava com 17 anos. Como ainda era menor de idade, coloquei a minha parte do dinheiro em um banco, em nome do tio Miúdo. Eu sempre achei que ter uma casa própria era uma grande conquista e pensei em guardar aquele dinheiro exatamente com esse objetivo.

Sempre que saía de casa, eu procurava oportunidades que pudessem ser interessantes e coubessem no meu orçamento. Um dia encontrei um negócio ideal. Localizei um terreno por um valor que eu poderia pagar com as reservas do banco.

Conversei com o tio Miúdo, negociamos o valor e agendamos o dia do pagamento. Fomos juntos ao banco para resgatar o dinheiro. Coloquei as notas em uma bolsa e saímos da agência. O tio Miúdo seguiu o seu caminho e fui sozinho para o cartório, onde havíamos marcado para eu pagar e passar a escritura para o meu nome.

Quando cheguei à primeira esquina, ainda perto do banco, um senhor me parou para pedir informações. Ele queria saber onde ficava a Rua Dom José Gaspar. O senhor tinha um semblante bem simples e aparentava ser um trabalhador rural. Enquanto eu tentava explicar, chegou uma moça, que também entrou na conversa, dizendo que o ajudaria a localizar o número. Com toda a inocência do mundo, eu nem percebi que se tratava de um golpe.

Os dois trocaram a minha bolsa sem eu notar. Quando a conversa terminou, eu segui para o cartório. Ao chegar, abri a sacola e vi que o dinheiro não estava lá. Foi a primeira grande frustração da minha vida. Roubaram o pouco que me havia sobrado da fazenda do meu pai.

Naquele momento, o dinheiro era muito importante para nós. Eu estava procurando trabalho na cidade e queria ter um terreno meu. Queria construir o meu futuro e a compra daquele lote representava o início dessa nova fase. Seria o símbolo de um recomeço.

Hoje, sei que a grande herança que o meu pai nos deixou foram ensinamentos para sermos pessoas justas, honestas e trabalhadoras. A parte financeira é a que menos importa. Com bons valores de vida, é possível conquistar tudo o que se deseja. O meu pai, de onde estiver, continua olhando por nós e me ajudou a conquistar muito mais do que tudo o que me roubaram naquele dia.

Continuei procurando trabalho e logo consegui o meu primeiro serviço na cidade. Um senhor que cuidava da região estava buscando homens para capinar os córregos do Barreiro. Fiquei sabendo da oportunidade e fui selecionado.

Eu (o segundo, da esquerda para a direita), minha mãe com o Kerley nos braços, João (de chapéu) ao lado de Cecília e alguns amigos

Joel, com Kerley no colo, Maurício (um amigo da família), Cecília, eu e minha mãe

Como era algo temporário, logo tive que buscar um novo serviço. Conversava com muitas pessoas, perguntando por oportunidades de trabalho. Conheci um outro senhor que trabalhava como prestador de serviços e precisava de um servente de pedreiro para calçar o curral de uma fazenda. Apesar de nunca ter trabalhado em obras, não perdi tempo e agarrei mais aquela oportunidade.

Relembro essa fase com muita emoção. Passadas algumas décadas, hoje, minha casa é exatamente em frente à casa do dono da fazenda na qual trabalhei pela primeira vez como servente de pedreiro. Ele, o Sr. Branquinho, é pai de um grande amigo, o Fábio Rios.

Durante todo o ano de 1974, trabalhei como servente de pedreiro. Eu preparava o concreto, cuidava da obra e deixava tudo arrumado. Só não podia assentar o tijolo – atividade que somente os pedreiros podem fazer. Mas nunca estava parado. Nunca fui do tipo que fica esperando receber uma tarefa para fazer. Enquanto o pedreiro não precisava de massa, eu cuidava da obra. Eu varria, colocava os tijolos no lugar, arrumava os materiais. Eu nunca dei conta de ficar parado.

> **Em 1975, decidi que eu precisava voltar a estudar. Era o desejo do meu pai e a minha vontade também.**

Em 1975, decidi que eu precisava voltar a estudar. Era o desejo do meu pai e a minha vontade também. Retornei à Escola Estadual Vasco Santos e cursei a quinta série. Mas, mais uma vez, a minha permanência na escola durou pouco. Completei 18 anos em abril e, no segundo semestre, comecei a servir no Tiro de Guerra, o que dificultou a minha dedicação aos estudos.

Na mesma época, Joel decidiu voltar de Brasília. Ele tinha chegado à conclusão de que lá não era o seu lugar. Um dia, durante uma greve, viu um cobrador de ônibus ser morto e decidiu que precisava voltar. Chegando a Araxá, foi morar comigo e com a nossa mãe. Também sempre trabalhador e dedicado, comprou um caminhão e começou a levar leite para uma fábrica de laticínios em Sacramento.

Ele trabalhava bastante, e, quando me sobrava um tempinho, eu ia ajudá-lo. Naquela época, a empresa Arafértil estava precisando de um prestador de serviço que tivesse um caminhão. Joel enxergou uma grande oportunidade e decidiu sair da produtora de laticínios. Sempre com visão empreendedora, comprou um caminhão novo e começou a prestar serviço para a Arafértil.

João, depois de passar alguns anos na fazenda, começou a trabalhar como peão de obra. Primeiro, arrumou um trabalho como ajudante e aprendeu tudo o que pôde para atuar como pedreiro. Mudou-se para diferentes cidades em busca de trabalho. Foi para Rondônia, para Roraima e, depois, veio para Araxá definitivamente.

Quando veio para a cidade, João foi morar em uma pequena casa, nos fundos do terreno da casa da nossa mãe. Assim que a situação financeira melhorou, ele alugou uma casa e se mudou com a Cecília e o meu sobrinho. Trabalhou muito tempo em empresas de construção civil. Sempre que possível, eu também estava com ele.

Nedinha continuava em Monte Carmelo, e sentíamos muitas saudades um do outro. Ela sempre foi minha companheira e ficar longe dela não era fácil. Quando ela engravidou do primeiro filho, foi uma grande alegria. A família estava crescendo novamente, como os meus pais sempre tinham sonhado. Pouco tempo depois que meu sobrinho nasceu, eu terminei o Tiro de Guerra e fui passar uns dias com ela na fazenda.

"O meu primeiro filho chorava muito quando nasceu e o Cézar me ajudava demais com ele. Ele olhava o bebê para mim enquanto eu cuidava da casa", conta Nedinha.

Após concluir o Tiro de Guerra, comecei a trabalhar com João em uma empreiteira que construiu a plataforma da Arafértil. A empresa se chamava M. Roscoe, uma companhia de engenharia e construção de Belo Horizonte. O problema era que, na M. Roscoe, trabalhava-se em turnos. Ou seja, de acordo com cada etapa da obra, os funcionários precisariam trocar de horário de trabalho. Se eu continuasse trabalhando ali, eu não conseguiria retornar à escola.

Aquela situação estava realmente me incomodando muito. No dia 1º de abril de 1976, eu completaria 20 anos e ainda não tinha terminado a quinta série. Eu precisava voltar à escola o mais rápido possível. Mas, para isso acontecer, eu precisava ter um trabalho com turno fixo. Somente assim eu conseguiria voltar aos estudos.

Fiquei na M. Roscoe apenas por dois meses. Era hora de tentar mudar. Eu preferia voltar a trabalhar como servente de pedreiro na cidade, em horário diurno, a continuar trabalhando em horários alternados. Disse para o meu irmão que eu precisava estudar e buscaria uma nova oportunidade.

Saí da M. Roscoe e, sempre com muito foco e determinação, arrumei rapidamente um novo trabalho como servente em obras. Como ainda era final de fevereiro, consegui fazer novamente a minha matrícula no Vasco Santos.

Conciliar estudo e trabalho era uma grande satisfação para mim. Eu ainda era muito jovem e não sabia exatamente aonde queria chegar profissionalmente. Sabia apenas que queria trabalhar duro e estudar para ter um futuro melhor. Somente com a dedicação ao trabalho e a busca por conhecimento, eu poderia ir mais longe.

O dia 14 de junho de 1976 foi um marco na minha vida profissional. Alceu, um grande amigo, que trabalhava na Zema, empresa muito conhecida em Araxá, ficou sabendo de uma vaga para trabalhar como frentista em um dos postos de gasolina da Zema. Apesar de eu nunca ter trabalhado em uma empresa ou em um posto de combustível antes, eu aprendia rápido. Sempre tive muita força de vontade e nunca tive medo do desconhecido. Então, logo pensei:

"Por que não?". Com a certeza de que daria conta do recado, fui até o posto para confirmar a vaga. Conversei com o Alcione, que era auditor da empresa.

Sem um currículo formal, comentei tudo o que eu já tinha feito e ressaltei a minha vontade de trabalhar e estudar. Logo fui contratado. Eu estava muito feliz com a conquista e nem imaginava que acabara de encontrar a empresa na qual trabalharia a minha vida toda!

ENSINAMENTO 3
BUSQUE ALCANÇAR OS SEUS OBJETIVOS

Obstáculos sempre aparecerão em nosso caminho, e, muitas vezes, teremos a impressão de que são insuperáveis. Por diferentes razões, em alguns momentos precisamos interromper a nossa caminhada e mudar o trajeto. Mas, quando temos um objetivo, por mais distante que ele possa parecer, não podemos perder o foco.

Minha adolescência foi muito difícil. Com a perda do meu pai, cheguei a pensar que não conseguiria seguir adiante. Mas estudar e trabalhar eram os meus objetivos. Eu precisava me focar neles e buscar as oportunidades que me levassem até eles.

Como sempre precisei trabalhar – o que, para mim, era algo natural, afinal, nasci e cresci vendo meus pais e meus irmãos batalhando diariamente –, agarrava toda oportunidade como se fosse a única. Nunca me importou o cargo, e sim a vontade de produzir, de realizar. Como eu queria conciliar trabalho e estudo, estava sempre atento às oportunidades.

Por mais distante que o seu objetivo possa parecer, é preciso ter foco e determinação para alcançá-lo.

CAPÍTULO 4

UM MESTRE, UM ALUNO E UMA TRAJETÓRIA DE CUMPLICIDADE

Comecei efetivamente a trabalhar no Grupo Zema no dia 16 de junho de 1976. Era a oportunidade que eu buscava para conciliar um emprego fixo e o retorno aos estudos. De fato, agarrei aquela chance com toda a dedicação do mundo.

Fui contratado como frentista para atuar no Posto da Avenida Imbiara. Era um posto grande, com uma sobreloja e uma concessionária da Chevrolet. Quando comecei, eu nem imaginava tudo o que viveria na empresa. Lá, além de me desenvolver profissionalmente, também fiz muitos e grandes amigos e conheci um dos homens que mais me inspirou – e me inspira – até hoje: Ricardo Zema.

Apesar de o Ricardo ser o "dono do posto", não o conheci antes de ser contratado. Fui ter o meu primeiro contato com ele após quatro dias de trabalho. O escritório dele ficava na sobreloja. Diariamente, ele era o primeiro a chegar e, como era proprietário de outros postos na cidade, passava pessoalmente em cada um deles para retirar o dinheiro do caixa.

No dia em que o conheci pessoalmente, um colega que trabalhava na concessionária pediu para eu ir até a sala do Ricardo pegar alguns panfletos do Opala. O carro tinha acabado de ser lançado, e precisávamos distribuir os panfletos para todos os clientes do posto.

"Cézar, vai lá na sala do Ricardo pegar alguns panfletos", meu colega pediu.

Respondi: "Quem é Ricardo? Onde ele fica?".

"Naquela sala lá."

"Ele é o dono do posto?"

"Sim, ele é o dono!"

E lá fui eu. Entrei no escritório, e o Ricardo estava trabalhando de cabeça baixa. Tivemos então a nossa primeira e rápida conversa:

"Com licença. Você é o Ricardo?", perguntei.

"Sou. Você precisa de alguma coisa?", respondeu ele, com aquele vozeirão muito peculiar.

Na hora, eu até tremi e pensei: "Nossa, esse que é o Ricardo. Estou falando com um dos homens mais importantes de Araxá!". Me senti o máximo!

Guardo comigo eternamente a lembrança de quando o vi pela primeira vez. Lembro dele ainda muito jovem, naquela época com cerca de 34 ou 35 anos. Toda a gestão dos postos e das demais empresas do Grupo era feita diretamente por ele! Com uma visão empreendedora de admirar, cuidava de tudo muito de perto.

A partir daquele dia, fiquei atento e observei todos os passos do Ricardo. Para mim, ele era uma inspiração. Sempre pensei: "O que ele fizer, eu tenho de fazer. Afinal, ele é o dono do posto!".

Hoje, mais de quarenta anos depois daqueles primeiros dias de trabalho, posso dizer que o Ricardo é o grande responsável por toda a minha trajetória e pela minha ascensão profissional. Ele é realmente um ídolo para mim.

Quem o conhece sabe que se trata de uma das pessoas mais trabalhadoras deste mundo! Ricardo tem orgulho de contar que, desde os 14 anos, quando perdeu o pai em um acidente de avião, começou a trabalhar e nunca mais parou. Sempre fala que nunca adoeceu, nunca faltou ao trabalho e, todos os dias, é o primeiro a chegar à empresa.

Posto, na Avenida Imbiara, onde comecei a trabalhar no Grupo Zema

"Comecei a trabalhar no dia 15 de abril de 1957. O meu pai morreu em um acidente. Ele tinha saído de Araxá para ir a São Paulo de carro. Estavam ele, minha mãe e minha irmã de 7 anos. Ele deixou o carro em São Paulo e foi, de avião, para o Rio de Janeiro resolver uns problemas da empresa. No dia 10 de abril, ele saiu do Rio de Janeiro para voltar a São Paulo. Ele era piloto e cofundador do aeroclube aqui de Araxá e, durante o voo, percebeu que o avião não estava bem.

Minha mãe estava sentada na frente com a minha irmã e ele, no banco de trás. Ele se levantou, fechou os cintos da minha mãe e da minha irmã e, bem nessa hora, o avião bateu. Morreram 28 pessoas. Minha mãe e minha irmã se salvaram. Minha mãe quebrou as duas pernas e duas vértebras e teve fratura na cabeça. Minha irmã não teve nada. Além delas, só se salvaram o copiloto e um passageiro. O corpo do meu pai chegou aqui em Araxá no dia 14.

Naquela época, o que eu mais gostava de fazer era jogar futebol. Os meus colegas foram ao enterro do meu pai no dia 14 e, no dia 15, foram lá em casa me chamar para jogar bola. Eu fui, contrariado. Não queria jogar, mas não falei nada para eles.

Quando começou o jogo e a bola veio na minha direção, eu dei um empurrão e falei que nunca mais ia jogar bola na minha vida. Lembro que saí de lá, pulei o muro e fui para a firma começar a trabalhar. Era uma quinta-feira. Eu tinha 14 anos e estou aqui até hoje. Eu fiquei traumatizado por causa do meu pai. Eu jogava bola de quinta-feira, sábado e domingo de manhã, depois do almoço e à tarde. Eram três partidas todo dia, e era a coisa de que eu mais gostava. Eu tenho uma bola que eu guardo até hoje. Eu treinava e chegava a dar mil balõezinhos sem deixar a bola cair no chão. Com a morte do meu pai, eu me senti

> *muito culpado e decidi que nunca mais iria jogar bola na minha vida.*
>
> *Desde aquele dia, nunca adoeci e nunca faltei um dia ao serviço. Todos os dias estou aqui às 5h30 da manhã.*
>
> *O Cézar é como eu. Ele também não falta ao serviço",* relembra e compara Ricardo Zema.

Eu também perdi o meu pai muito cedo, e o Ricardo acabou se tornando uma referência para mim. Comecei a me espelhar nele e, até hoje, aplico lições que aprendi ao longo dos anos nos quais pude acompanhá-lo, vendo-o trabalhar de perto. Sem dúvida, me inspiro nele no jeito de agir, de gerenciar, de tomar decisão e até no jeito de me portar na comunidade e na empresa. Se deu certo para ele e, às vezes, dá certo para mim, é porque realmente é uma boa forma de trabalhar.

Ele sempre foi uma pessoa muito reservada e me ensinou a importância disso. Como era um empresário e liderava pessoas, precisava sempre manter a postura. Antes de eu trabalhar na Zema, nunca havia pensado muito nisso. Afinal, eu tinha apenas 20 anos e trabalhava de forma autônoma. Mas, depois, com o convívio e observando a postura do Ricardo, passei a pensar assim também.

Quando trabalhamos em uma empresa e a representamos, temos que liderar pelo exemplo. Nossas atitudes são referência. Não temos como cobrar de um colaborador algo que não praticamos. Assim como eu me inspirei no Ricardo, alguns colegas podem se inspirar em mim.

Além da postura, a dedicação do Ricardo é algo de admirar. Ele me ensinou que, se você não trabalhar, não conquista nada. Mas quando você trabalha com honestidade, com amor, com carinho, você conquista tudo o que quiser.

Quando eu entrei na Zema, o que eu queria era trabalhar e dar o melhor de mim para que não me faltasse serviço. Assim eu poderia ajudar a sustentar a minha família, especialmente a minha mãe, e conseguiria retomar os estudos. O Joel tentou, inclusive, me levar para a Arafértil, mas, lá, os turnos também eram variáveis e eu não conseguiria me rematricular na escola.

> *"O Cézar sempre foi muito preocupado com a minha mãe e a nossa família. Naquela época, eu já estava na Arafértil e tentei levá-lo para lá. Ele decidiu não ir justamente porque lá ele teria de trabalhar em turnos alternados, como eu fazia. Ou seja, se ele fosse para a Arafértil, teria de abandonar a escola. Na Zema, não! E ele escolheu, com muita determinação, que preferia a Zema e os estudos.*
>
> *O começo não foi fácil. De manhã e à noite, de domingo a domingo, ele estava no posto. Alguns amigos falaram bem dele, e o Ricardo Zema começou a vê-lo com bons olhos. Quando alguém comenta 'aquela pessoa tem um diferencial', você, como patrão, começa a observá-la. E o Ricardo começou a olhar o Cézar de forma diferente. Logo, ele passou para gerente de posto e, como estava estudando e preocupado em se desenvolver, o Ricardo confiou ainda mais. Quando o chefe direto do Cézar, João Batista, foi chamado para a Arafértil, ele indicou o Cézar para substituí-lo, dizendo para o Ricardo: 'Pode colocar o Cézar no meu lugar!'. O Cézar era uma pessoa correta, direita e responsável. Deus ajudou, e o Ricardo deu ao Cézar esse voto de confiança",* conta Joel.

Trabalhar em uma empresa era uma novidade para mim. Até então, eu atuava somente como servente de pedreiro, nas fazendas, na roça, e nunca havia sido registrado. Em todos os locais onde tinha trabalhado, eu sempre era o primeiro a chegar e o último a sair. E continuei assim na Zema.

Quando entrei no posto, eu tinha um gerente que me colocava para fazer todo e qualquer serviço. Eu realmente trabalhava muito e fazia absolutamente tudo. Hoje, agradeço muito por isso! Como eu era frentista, a minha principal obrigação era atender os clientes. Mas eu também lavava os banheiros, os carros, trocava óleo, varria...

Se eu chegasse no posto e visse que o chão estava sujo, pegava a vassoura e ia varrer. Se eu fosse ao banheiro e estivesse sujo, eu começava a limpar. Tinha carro para lavar e o lavador estava atrasado? Eu também já assumia o lugar dele sem ninguém me pedir.

Como resultado, meu chefe me colocava em todas as atividades. Precisava cobrir as férias do guarda noturno? Chama o Cézar que ele assume a função! Sempre fui assim e acredito que continuarei sendo! Eu fazia tudo com muito boa vontade e sem muita pretensão.

À noite saía do posto e ia direto para a escola. E, assim, passaram-se quatro anos. Cursei a quinta, a sexta e a sétima séries. Enfim, em 1979, já com 23 anos, completei a oitava série do ginásio e me matriculei no científico, equivalente ao ensino médio de hoje.

O meu chefe na época, o já falecido Donaldo, foi transferido para Uberaba e precisavam de um novo gerente. Ficou a dúvida de quem poderia assumir a posição. Eu ainda era muito jovem e não pensei que poderia ser promovido. Mas o Alcione cogitou o meu nome. Conhecíamo-nos da igreja, e, como ele trabalhava diretamente com o Ricardo, conversou com ele sobre as pessoas que, na avaliação dele, seriam capazes de assumir a posição.

> *"O Cézar chegou aonde está por mérito próprio, sem ajuda de nada nem de ninguém. Quando começou na Zema, ele era mocinho. Eu arrumei para ele trabalhar no posto. Naquela época, a empresa ainda era muito pequena. Não era um grupo, como é hoje. Era apenas uma 'firma', como falávamos. Ele trabalhou como frentista, atendendo, vendendo e fazendo de tudo no posto. Depois, houve o episódio em que o gerente saiu e eu pedi para que o Ricardo o colocasse na posição.*
>
> *Acharam que eu estava ficando louco de entregar o posto para um menino assim. Falei que poderiam colocá-lo*

'por minha conta'. Tinha certeza de que tudo daria certo. Dali para a frente, ele só foi se desenvolvendo.

Eu saí da Zema, fui trabalhar em outra empresa e a gente acabou se afastando.

O Cézar chegou aonde ele chegou sem precisar agradar ninguém. Foi uma trajetória de méritos. Ele criou a Zema Petróleo, empresa que acredito ser hoje o carro-chefe do Grupo Zema.

Ele é uma ótima pessoa, pai de família, e esse lado eu também conheço bem!", conta Alcione.

O Ricardo me chamou para conversar: "Olha, Cézar, o Donaldo vai ser transferido, e eu quero saber se você gostaria de assumir a gerência do posto. Quero te promover, porque você é um profissional muito dedicado".

A indicação do Alcione, de fato, foi excepcional, e se cheguei àquela posição, sem dúvida, devo isso a ele. Mesmo sem pretensão, aos 23 anos de idade, começava a galgar os primeiros degraus da minha carreira. Assumi como gerente do posto de gasolina e passei a ter contato direto com o Ricardo.

Fiquei feliz e ansioso com a promoção, mas, em momento algum, tive medo. Sou movido por desafios e sempre soube que, se eu me dedicasse, aprenderia tudo muito rápido. Queria não apenas honrar o cargo para o qual tinha sido indicado, mas também mostrar que poderiam confiar em mim e que eu faria de tudo para superar as expectativas. Mesmo nunca tendo gerenciado um posto, eu já conhecia todas as atividades e o dia a dia da operação. Eu sabia, na prática, como tudo funcionava. Agora, seria o momento de assumir a responsabilidade por todas essas atividades.

Independentemente da função ou do cargo que se ocupa, a capacidade de aprendizado e a dedicação são, sem dúvida, algumas das principais características que podem fazer diferença em uma empresa, seja ela grande ou pequena. Se o profissional possuir bons valores, agilidade para aprender e força de vontade, ele conseguirá atingir os seus objetivos.

No ano em que eu assumi a gestão, vivíamos um período de escassez de gasolina e de incentivo à venda de álcool e combustíveis renováveis. Foi estabelecida uma portaria do Conselho Nacional do Petróleo (CNP) definindo que os postos de combustível não poderiam vender gasolina aos finais de semana. Era permitido comercializar apenas álcool, diesel e outros serviços.

A venda de gasolina era permitida até às 20h da sexta-feira, reabrindo apenas na segunda às 6h. Nas cidades consideradas turísticas, os horários eram um pouco diferentes. O posto encerrava a venda de gasolina na sexta às 12h e reabria no domingo às 12h. O governo entendia que os turistas tinham que viajar no domingo depois do almoço e, por isso, precisariam abastecer os carros. Como o posto onde eu trabalhava ficava em Araxá, classificada como cidade turística, seguíamos esse horário.

Eu trabalhava quase o final de semana todo. Às sextas e sábados, eu ficava no posto até às 20h. A única folguinha que eu tinha era no domingo até às 12h, quando eu abria o posto novamente para retomar a venda de gasolina.

Os postos caminhavam bem e a empresa como um todo também começou a crescer. Os filhos mais velhos de Ricardo Zema, Romeu e Romero, ainda eram meninos e não poderiam ajudá-lo na gestão, como aconteceu nas décadas seguintes. O Romero, que era o mais novo, ia menos aos postos. Já o Romeu estava sempre

> **"**
> **Se o profissional possuir bons valores, agilidade para aprender e força de vontade, ele conseguirá atingir os seus objetivos.**

Eu, pela primeira vez,
trabalhando em um escritório

por lá e até nos ajudava a abastecer os carros. Depois, os dois foram para Ribeirão Preto estudar. A filha mais nova de Ricardo, Luciana, nasceu exatamente no ano em que eu ingressei na empresa, 1976.

Em outubro de 1980, quando eu tinha quatro anos de Zema, Ricardo contratou um engenheiro mecânico, João Batista Cordeiro, para ajudá-lo a cuidar da transportadora de combustível. A ideia era deixar Batista Cordeiro à frente dos caminhões enquanto o próprio Ricardo cuidaria diretamente dos postos. Na época, eram seis unidades próprias.

No início, a estratégia deu certo. Mas os outros negócios da empresa também estavam crescendo e demandavam a dedicação de Ricardo. A solução foi transferir a gestão dos postos para João Batista Cordeiro. Então passei a tê-lo como chefe direto. Em pouco tempo, João percebeu que precisava de alguém para ajudá-lo na gestão.

Ele disse para o Ricardo: "Se eu vou administrar os postos, vou precisar de alguém. De caminhão, eu entendo bem, agora, de posto de gasolina, eu entendo pouco. Eu vou convidar o Cézar para trabalhar comigo, afinal ele conhece bastante a rotina dos postos".

Após dois anos exercendo a função de gerente, mais uma vez, mesmo sem buscar uma promoção, mostrei com o meu trabalho as competências necessárias para ajudar naquele processo. Quando João Batista me convidou, aceitei na hora! Sabia que seria mais uma oportunidade para aumentar a minha responsabilidade e, consequentemente, para eu ter ainda mais chances de aprender e me desenvolver. Aceitei a posição e comecei mais um desafio.

Do lado pessoal, houve uma mudança importante de horários de trabalho. Eu trabalharia apenas até às 12h do sábado. Depois, voltava para os postos no final do dia aos sábados e domingos para fechar o caixa. Com o tempo que sobrava, eu poderia me dedicar mais aos estudos.

Após seis meses de trabalho, Cordeiro me chamou para mais uma conversa. Ele estava procurando uma nova oportunidade, e o pessoal da Arafértil o havia convidado para trabalhar lá.

"Cézar, estou indo embora!"

"João Batista, e agora? O que eu vou fazer aqui sem você?", perguntei.

"Já conversei com o Ricardo e ele disse que é para você ir 'olhando' os postos até que ele contrate outra pessoa", Cordeiro comentou.

Fiquei preocupado com a situação. Eu estava na empresa há apenas quatro anos. Além dos seis postos, havia a transportadora, que também estava sob o comando do João Batista Cordeiro. Gerenciar tudo seria um grande desafio. Não pensei duas vezes e fui conversar com o Ricardo. Acredito que a iniciativa e a sinceridade são pré-requisitos básicos para uma relação de confiança. O Ricardo era o dono da empresa, e eu precisava ser transparente com ele, demonstrando a minha preocupação.

"Ricardo, você vai contratar alguém aqui para ficar no lugar do João Batista Cordeiro? Eu não vou dar conta, não. Dos postos tudo bem, mas da transportadora, não", argumentei.

"Eu estou procurando uma pessoa, mas, até que essa pessoa comece, você 'vai olhando' aí para mim!", ele disse.

Assumi a posição, me dediquei, aprendi tudo o que podia e comandei a gestão dos postos e da transportadora como se fossem meu patrimônio. Brinco dizendo que "estou olhando" os postos até hoje! Eu e o Ricardo nunca mais falamos nada sobre isso. Ninguém foi contratado para o lugar do Cordeiro. Assumi o cargo de presidente do Grupo, mas, até hoje, não fui empossado oficialmente como gerente dos postos!

Lá no fundo, o Ricardo sabia que eu daria conta do recado. Como um excelente gestor e estrategista, ele sabia também que aquele não era o momento para mais uma promoção. Eu era um rapaz de 23 anos, e elevar o meu cargo em tão pouco tempo poderia estragar tudo. A estratégia foi acompanhar o meu desempenho e não permitir que uma rápida ascensão profissional subisse à minha cabeça.

Situações como essa são comuns, e cabe ao gestor decidir qual caminho seguir. Conhecimento e experiência, a gente conquista com o tempo e com as lições que recebemos diariamente. Há mensagens nas entrelinhas, há detalhes na gestão que aprendemos apenas vivenciando. Eu estava atento a todas essas mensagens. Era e ainda sou um observador.

Muitos jovens profissionais buscam uma carreira meteórica. Mas há um percurso a ser seguido. Há competências que apenas são desenvolvidas quando vivenciamos cada momento. É impossível saber tudo aos 23 anos. A cada dificuldade, a cada nova decisão, aprendemos novas formas de analisar a situação e, aí sim, crescemos e nos tornamos grandes profissionais. Conhecer e se aprofundar na teoria é excelente. Mas imprevistos sempre aparecem, e só aprendemos a resolvê-los na prática. Precisamos aproveitar toda a garra da juventude para observar o máximo que pudermos e aprender tudo o que estiver ao nosso alcance.

Voltei a trabalhar diretamente com o Ricardo e, de fato, eu "olhava" tudo o que podia. Fazia reposição de estoque, contratação de gerentes, controle. Eu era a ponte entre o Ricardo, os postos e a transportadora. Tudo isso em 1981. Posso afirmar que os anos ao lado dele foram a base para a minha formação profissional. A Zema sempre foi a minha melhor escola; o Ricardo, o meu melhor professor; e eu queria apenas ser o melhor aluno!

> *"O Cézar foi contratado em 1976. Na época, eu acompanhava tudo na empresa. Eu fazia o caixa todos os dias, de todos os postos que nós tínhamos. Ele trabalhava em um desses postos, e lá nós tínhamos três boxes para lavar os carros. O Cézar era frentista, mas fazia de tudo, inclusive lavar os carros. Todo dia que eu ia fechar o caixa, eu dava uma volta para ver a limpeza de cada um dos nossos postos. Entre todos eles, das três lavadoras que tínhamos, somente uma ficava limpa. Um dia perguntei para o gerente: 'Quem é o lavador daquele box?'. E ele me falou que era o Cézar.*

A partir daquele momento, comecei a prestar mais atenção nele. Em pouco tempo, ele passou a ser o melhor frentista que nós tínhamos.

O negócio foi crescendo, se desenvolvendo. Quando o gerente quis sair, convoquei o Cézar para ser gerente do posto. Vale ressaltar que, até hoje, o posto no qual o Cézar trabalhou é nosso, apesar de a gestão ter sido terceirizada.

Com o Cézar, o posto melhorou ainda mais. Ele era muito bom administrador. Mesmo aumentando o volume de serviço, percebemos que ele tinha uma capacidade muito boa para gerenciar. Como tínhamos mais postos, criamos o cargo de gerente geral dos postos e escolhemos o Cézar para a posição. Assim, em vez de olhar só o posto do qual ele era gerente, ele passou a acompanhar todos os nossos outros postos", conta Ricardo Zema.

ENSINAMENTO 4
TENHA INICIATIVA E TRABALHE DURO

Nós somos responsáveis pela nossa trajetória profissional. Podemos levá-la para diferentes caminhos: tudo depende da nossa vontade e da nossa garra. Precisamos ter amor pelo que fazemos; precisamos acreditar no que fazemos e saber com clareza por que o fazemos. Às vezes, podemos achar que algumas atividades não são da nossa alçada e que não devemos nos submeter a elas. Mas é preciso ampliar o olhar e enxergar além. Não podemos nos limitar a uma só atividade. Precisamos agregar mais. Precisamos ir além do que os nossos superiores esperam de nós.

Cheguei na Zema sem pretensões. Eu queria trabalhar e me dediquei à empresa como se fosse minha. Nunca esperei recompensas. O meu empenho é e sempre foi genuíno. Quando a empresa precisava de algo, se eu pudesse fazer, eu fazia. Muitas vezes, não esperava ninguém me pedir. Isso é iniciativa.

Ter iniciativa, assumir responsabilidades e trabalhar duro são qualidades que sempre vão encantar qualquer gestor. E, pode ter certeza, um bom gestor consegue reconhecer essas características em pequenas atitudes. Empresas são formadas por pessoas, e, quando conseguimos reunir um grupo de profissionais com iniciativa, responsáveis e que trabalham duro, certamente conseguimos alcançar o sucesso.

CAPÍTULO 5

O INÍCIO DE UMA NOVA FAMÍLIA E AS PRIMEIRAS CONQUISTAS

Quando comecei a trabalhar na Zema e retomei os estudos, também voltei a fazer novos amigos. Diferentemente do que acontecia no primário, quando a diferença de idade era um grande empecilho, nos últimos anos do ginásio, o cenário se inverteu.

Em 1979, já trabalhando na Zema havia três anos, conheci um rapaz que se tornou um grande amigo e o foi por muitas décadas. Celso e eu éramos unha e carne. Estávamos sempre juntos e frequentávamos a casa um do outro.

Certo dia, em uma dessas visitas, conheci uma pessoa mais que especial, a mulher da minha vida: Wanda. No momento em que a vi pela primeira vez, senti o meu coração bater mais forte. Pensei: "Nossa, que menina linda". Magra, elegante, com um sorriso encantador. Fiquei observando-a de longe.

Em 1980, quando me matriculei no científico, fui surpreendido pela Wanda matriculada na mesma escola. Ela estava na sala do irmão do meu amigo Celso, o Célio. Não tive dúvidas: precisava me aproximar e conversar com ela.

Chamei o Célio e comentei sobre o meu interesse pela Wanda. Disse que ela era a mulher mais linda que eu já tinha visto e que queria, de qualquer

Eu, na fazenda do meu amigo Celso

jeito, me aproximar e, quem sabe, tentar namorá-la. Naquela época, namorar não era algo fácil.

A primeira vez em que conversamos foi na escola. Sentamos na escadaria, num intervalo entre as aulas, e ficamos papeando por um bom tempo. Parecia que já nos conhecíamos há muitos anos. Percebemos que gostávamos das mesmas coisas. A vontade era ficarmos ali, juntos, por horas e horas, em uma conversa interminável.

Naquela época, eram comuns os "bailes de roça". Em determinada ocasião, perguntei se ela pretendia ir ao baile do final de semana. Aquela poderia ser uma oportunidade de nos encontrarmos fora da escola e, quem sabe, começarmos um relacionamento.

Ela confirmou a presença e aguardei, ansiosamente, por aquele momento. Era julho de 1980. Chegamos à festa, e logo procurei Wanda para conversarmos. Naquele dia, começamos, enfim, a namorar.

A época do namoro não foi fácil. Ainda estudávamos e eu trabalhava praticamente todos os finais de semana no posto de combustível. Sobrava somente um tempinho no sábado à noite ou no domingo pela manhã para visitá-la. Quando eu terminava tudo o que tinha para fazer no posto, saía correndo para a casa da Wanda. Eu tinha poucas horas disponíveis e queria aproveitar aqueles minutos para estar ao lado dela.

Namoramos por um ano, ficamos noivos em 18 de julho de 1981 e, em 3 de julho de 1982, nos casamos, vinte dias após o casamento do meu irmão Joel, que tinha se casado em 12 de junho de 1982. Eu estava com 26 anos, e a Wanda com 24.

A Wanda sempre foi, sem dúvida, a mulher da minha vida. Sempre ao meu lado, é uma esposa muito dedicada à família e sempre foi, realmente, o meu alicerce. Acompanhou todos os meus passos e me apoiou. Ficou ao meu lado em momentos difíceis e suportou a minha ausência. Eu sempre trabalhei muito, não apenas no tempo de namoro, mas depois que nos casamos também. Não é fácil aceitar uma situação como essa.

Eu e Wanda, quando começamos a namorar

> *"O Cézar sempre trabalhou muito. Nunca tirou trinta dias de férias. Nunca! Quando nós namorávamos, isso não atrapalhava tanto. Nós tínhamos horários disponíveis para nos ver e ficar juntos. Depois que a gente casou e nasceram as nossas filhas, foi mais difícil para mim. Apesar de ele não viajar muito naquela época, eu ficava muito sozinha com as meninas. Como a diferença de idade entre a Flávia e a Daiana é de apenas dois anos, de fato, foi muito complicado", conta Wanda.*

Acredito que a minha dedicação ao trabalho é até inconsciente. Sempre me lembro do meu pai, de quanto ele trabalhou e de que, mesmo assim, acabamos precisando nos desfazer de tudo o que ele construiu. Passamos por períodos muito difíceis, e eu nunca quis que a minha família passasse por algo semelhante. Por isso, sempre pensei: "Eu vou fazer, eu vou lutar, eu vou trabalhar". Para mim, não tem dia, não tem noite, não tem hora. Se eu estiver com saúde e com vontade, por que não fazer?

Sempre quis o melhor para minha família e acredito que as conquistas são resultado de muito trabalho. E este era mais um fator que me motivava.

Quando conheci a Wanda e começamos a pensar em casar, decidi que não queria pagar aluguel. Eu queria ter a minha casa própria. Mas o casamento aconteceu muito rápido. Namoramos por um curto período e decidimos que íamos nos casar logo.

Apesar de eu já estar na Zema há alguns anos, não tive tempo de juntar o dinheiro necessário para comprar um terreno e construir a minha própria casa. Ao mesmo tempo, também não queria morar com a minha mãe nem com a minha sogra. Queria um lugar para mim e para a Wanda, um lugar para começarmos a nossa vida juntos.

Havia um terreno vazio nos fundos da casa da minha mãe. Era um espaço grande e pensei que seria suficiente para construir uma pequena casa. Sugeri para a Wanda e conversei com a minha mãe e com os meus irmãos. Todos gostaram da ideia e nos apoiaram na decisão.

A minha renda era baixa, e eu não tinha dinheiro para contratar pedreiros. Se eu realmente quisesse construir, teria de fazer tudo sozinho. Como eu já havia trabalhado por bastante tempo como ajudante de pedreiro e conhecia muito sobre obras, acabei assumindo a construção e pedi a ajuda de amigos. Nos finais de semana, nós nos reuníamos e dávamos andamento à construção.

Até hoje, tenho um grande orgulho da minha primeira casa. Naquela época, era comum as casas serem construídas com aquele piso vermelho, com telha Brasilit e sem acabamento. Mas a minha casinha, não! Construí com taco, banheiro azulejado até o teto, cozinha com revestimento até a metade da parede e laje! Em 1982, também começaram a aparecer as primeiras televisões coloridas em Araxá. Antes mesmo do casamento, consegui comprar a nossa TV a cores! Foi uma conquista enorme! Casa com taco, laje, azulejo e TV a cores! Foi fantástico. Estava ao lado da mulher que eu amo e com uma casa que, para mim, era completa.

Eu e a Wanda nos casamos em uma cerimônia simples, não viajamos em lua de mel e nos mudamos direto para a nossa casinha. Assim como os meus pais, sempre gostei muito de crianças e queria muito ter filhos. Esse também era um sonho da Wanda e, se dependesse da nossa vontade, as crianças chegariam logo.

Ao mesmo tempo, na Zema, a situação não caminhava muito bem. Vivíamos o início da crise dos anos 1980, uma recessão que se prolongou por anos e afetou todas as empresas. Ricardo Zema chegou a demitir uma série de funcionários. Fechamos vários negócios, e cheguei a pensar no pior. Achei que seria demitido com os demais colaboradores. Quando ele me chamou para uma reunião, logo pensei: "É hoje. Estou na rua".

Mas o desfecho foi outro. Ele não queria que eu fosse embora. Queria que eu deixasse de ser o elo entre ele e a gestão dos postos e a transportadora, como era desde a saída de João Batista. Ele

Eu e Wanda, no dia do nosso casamento

precisava que eu assumisse mais responsabilidades e queria me dar autonomia na gestão. Essa transferência seria essencial para que ele, a partir daquele momento, se dedicasse aos outros negócios do Grupo – que incluíam as concessionárias, os materiais de construção, a venda de eletrodomésticos e outras iniciativas.

Ricardo, mais uma vez, confiou em mim. Eu não poderia decepcioná-lo e queria surpreendê-lo. Queria ajudá-lo a sair daquele momento econômico difícil. Comecei a trabalhar na gestão dos postos e identificar o que poderíamos fazer para prosperar. E eu estava sozinho, não tinha braço direito para me ajudar no desafio. O Alceu, que era gerente, e o Juarez, que ficou na parte de depósito e lubrificantes, me ajudavam muito. Mas as decisões eram por minha conta.

Os postos que tínhamos apresentavam bons resultados e, para expandir, comecei a buscar oportunidades de novas aquisições na região. Quando eu identificava uma oportunidade, logo a apresentava ao Ricardo. A decisão de compra era sempre dele, mas eu sabia o perfil que nos interessava e foquei na expansão. Às vezes, ele já chegava com o negócio fechado. Ricardo era rápido e enxergava boas oportunidades de longe.

ENSINAMENTO 5
CONSTRUA BASES SÓLIDAS

A família é e sempre foi o meu alicerce. Em casa, aprendi a respeitar o próximo, aprendi o que é ética e aprendi a valorizar as pessoas que quero bem. Ter bases sólidas é essencial para uma trajetória de sucesso. Isso porque essas bases vão sempre nortear as nossas decisões, tanto na vida pessoal quanto na profissional.

Por mais que, em muitos momentos, possamos ficar mergulhados no trabalho, não podemos nos afastar da nossa essência nem dos valores que nos levam adiante.

Quanto mais sólida e verdadeira for a base, mais íntegro será o seu caminho.

CAPÍTULO 6

COM O CRESCIMENTO, AS NOVAS RESPONSABILIDADES

É muito difícil separar a minha trajetória pessoal da profissional. De fato, as duas se misturam e acredito que se completam. Sem a minha família, certamente eu não seria quem sou hoje. E sem o Grupo Zema, também não.

É muito bom perceber que, ao mesmo tempo em que a minha família crescia, a minha responsabilidade e o meu foco no trabalho seguiam o mesmo caminho. Nunca quis que nada faltasse às pessoas que mais amo e, por isso, sem perceber, acabei mergulhando no trabalho cada vez mais.

Quando me casei, em 1982, ainda cursava o terceiro ano do ensino técnico em contabilidade e, apesar da dificuldade da situação econômica do país, os postos do Grupo Zema caminhavam bem. O volume de trabalho era grande e precisei interromper os estudos novamente.

No começo de 1983, com um pouco mais de seis meses de casados, Wanda engravidou da nossa primeira filha, Flávia. A notícia da gravidez nos trouxe muita alegria. Assim como o meu pai, eu sempre desejei ver a casa cheia de crianças, e a gravidez da Wanda nos aproximava de mais esse sonho. Flávia nasceu em setembro de 1983 e chegou para mudar a minha história. Digo que ela me fez mudar o meu projeto de vida duas vezes – nas duas, para muito melhor!

Apesar de a nossa pequena casa ser excelente, o nascimento da Flávia fez com que eu pensasse em buscar uma casa maior para morarmos. Além de querer mais espaço, a demanda por trabalho exigia que eu morasse mais perto da empresa. Naquela época, como era difícil ter telefone e eu já ocupava o cargo de gerente dos postos, estar próximo das unidades poderia ser uma solução.

Ricardo Zema percebeu a nossa necessidade. A casa onde nascera e morara por muitos anos tinha sido transformada em escritório da empresa e, naquele momento, estava vazia. Localizada na Avenida Getulio Vargas, ficava ao lado de um dos postos e perto do escritório do Ricardo. Além disso, já estava equipada com telefone, algo raro na época.

Um dia, estávamos conversando e o Ricardo ofereceu, gentilmente, a casa para nós morarmos. Eu não precisaria pagar aluguel e poderíamos morar lá por algum tempo, até eu conseguir recursos para comprar uma casa própria maior.

Conversei com a Wanda e decidimos que seria um bom caminho a seguir! A casa era bem maior, facilitaria o meu trajeto ao trabalho e ela teria mais espaço para cuidar da nossa filha. Comuniquei a família e preparamos a mudança. Deixamos a nossa primeira casinha e fomos morar na Getulio Vargas.

Enquanto isso, economicamente, o Brasil ainda não dava nenhum sinal de recuperação. Em 1982, o governo havia decretado moratória da dívida e a inflação galopava! Vivíamos um período difícil e novos

> **Vivíamos um período difícil e novos planos econômicos surgiam a todo momento, mudando as regras do jogo. Manter um negócio saudável e dando lucro era, de fato, um desafio gigantesco.**

planos econômicos surgiam a todo momento, mudando as regras do jogo. Manter um negócio saudável e dando lucro era, de fato, um desafio gigantesco.

Lembro-me de um episódio, em meados de 1983, que, acredito, me aproximou ainda mais de Ricardo Zema. Assim como grande parte das empresas brasileiras, a Zema enfrentava uma situação muito delicada. Qualquer dinheiro que entrasse era como uma gota d'água que desaparecia no deserto. A moeda perdia valor a cada minuto. As dificuldades de comunicação também afetavam o mundo dos negócios. Como não existia e-mail nem fax, os trâmites burocráticos eram lentos e dificultavam ainda mais qualquer negociação.

A empresa precisava de recursos e estava prevista uma entrada de dinheiro por meio de um consórcio da Rodobens. Para que a transação fosse concluída, seria necessário pegar um documento em Uberlândia e trazê-lo para Araxá. Quando o documento chegasse, Ricardo Zema precisaria assinar, reconhecer firma e encaminhar de volta. Somente após receber o documento assinado, a Rodobens poderia dar andamento ao processo e liberar os recursos.

Ricardo precisava garantir que o dinheiro estivesse disponível em, no máximo, três dias. Porém, Uberlândia fica a cerca de 180 quilômetros de Araxá. Hoje, ir de Araxá para Uberlândia é muito fácil. Mas naquela época não era! Tudo era mais complicado. Tínhamos menos opções e os custos de transporte eram muito elevados.

Encontrei o Ricardo no final da tarde, por volta das 16h. Como eu cuidava também da transportadora, ele me perguntou se estava prevista a chegada de algum caminhão vindo de Uberlândia.

"Não. Todos os caminhões já vieram. Por quê? Você precisa de algo?", perguntei.

Ricardo comentou sobre a preocupação e a necessidade de agilizar a liberação dos recursos. Era uma terça-feira, e o dinheiro precisava estar disponível até sexta. Se demorasse mais um dia, provavelmente os recursos seriam liberados somente na semana seguinte.

"Esse documento está onde?", perguntei.

"Na Rodobens, em Uberlândia", ele respondeu.

Pensei: o documento precisa chegar! Tenho um lema que, para todos que trabalham ou já trabalharam comigo, é como uma marca registrada. Sempre digo: "Se é para assar, frita!". O que quero dizer com essa frase é que sempre há novos e diferentes caminhos para se chegar a um mesmo objetivo. Muitas vezes, há um caminho mais curto, uma alternativa para solucionar rapidamente um problema. Não temos que ficar esperando o tempo de "assar". Algumas vezes, precisamos agilizar o processo! Se a demanda é urgente, "fritar" pode ser a solução.

Então, não fiquei parado esperando o dia amanhecer! Fui procurar alguém que estivesse com viagem marcada de Uberlândia para Araxá. Liguei para uma companhia que nos atendia, que era a Cia. São Paulo, para saber se eles tinham algum caminhão que faria o trajeto Uberlândia-Araxá no mesmo dia.

"Antonio, você tem algum caminhão vindo para estes lados aqui de Araxá?", perguntei ao nosso parceiro.

"Oi, Cézar. Vai sair um caminhão nosso daqui a trinta minutos para Perdizes", respondeu Antonio.

Perdizes é um município mineiro localizado a cerca de 65 quilômetros de Araxá. Chegar a Perdizes partindo de Araxá era fácil.

"Ótimo! Você poderia fazer um favor para mim? Há um documento na Rodobens que precisa vir para o Ricardo assinar. Você poderia pegar esse documento e mandar por esse caminhão até Perdizes?", perguntei.

"Claro! Agora mesmo!", ele respondeu.

Com a confirmação do transporte, liguei para a Rodobens e expliquei quem iria retirar o documento e trazer para Araxá. Eles prepararam tudo com grande agilidade. Como combinado, o motorista do Antonio retirou o envelope e levou até Perdizes, e eu, ao mesmo tempo, fui até Perdizes pegar a documentação.

Por volta das 20h, eu estava na porta da casa do Ricardo para ele assinar o documento. Para agilizar ainda mais, conversei antecipadamente com o pessoal do cartório, pois precisaria de um reconhecimento de firma urgente.

Peguei o documento assinado e consegui o reconhecimento da assinatura. No dia seguinte, eu tinha um caminhão que iria para Uberlândia bem cedo. Assim, o nosso motorista entregou a documentação, já assinada e com firma reconhecida, para a Rodobens. Com o documento assinado em mãos, a liberação dos recursos aconteceu na mesma tarde.

Naquele dia, o Ricardo percebeu que, mesmo em situações adversas, poderia contar comigo. Eu sempre faria o possível para buscar uma solução, mesmo que o assunto não fosse da minha área de atuação. Sempre pensei na empresa como um todo. Se a Zema precisasse de algo e eu pudesse ajudar, certamente eu o faria com toda a dedicação e todo o empenho do mundo.

> "Ao longo de todos esses anos em que me dedico ao trabalho, eu sempre anotei uma série de 'casos'. São situações que aconteceram com algum colaborador e que, por algum motivo, achei importantes. Eu escrevo o assunto e descrevo o que eu avaliei na situação. Ao todo, eu tenho 89.683 planilhas aqui. A respeito do Cézar, tenho o registro da liberação dos recursos pela Rodobens em Uberlândia. Naquela ocasião, eu avaliei a capacidade dele de solucionar problemas.
>
> O profissional, quando tem capacidade, tem facilidade para resolver qualquer coisa a um custo baixo. Naquele dia, ele foi objetivo e resolveu o meu problema com muita rapidez", conta Ricardo Zema, lendo as planilhas nas quais mantém todas as suas anotações e avaliações de funcionários, colaboradores e parceiros.

Naquela época, um colega de trabalho que estava sempre ao meu lado era João Batista – homônimo do meu antigo chefe. Nós começamos praticamente ao mesmo tempo na empresa como frentistas, mas em postos diferentes. Assim como eu, ele também se tornou gerente do posto em que trabalhou. Quando me tornei responsável por todos os postos, chamei o João para trabalhar comigo no posto da Avenida Imbiara.

Ele era o meu braço direito. Eu contava com ele para tudo de que precisasse. Certa vez, arrendamos um posto e precisávamos pegá-lo de volta. Esse processo, apesar de comum, é complicado e inclui uma série de atividades. É preciso levantar as informações do estoque, fazer medição de combustível, contagem de filtros, caixa etc.

Lembro que eu trabalhava com uma caminhonete D20 e o João Batista foi comigo receber esse posto. Ele ficava próximo a Campos Altos, na BR-262, e posteriormente seria chamado de Zema 5. Quando chegamos ao endereço, assumimos o local e, para não deixar a unidade sem nenhum funcionário da nossa confiança, ficamos lá por dois dias ininterruptos.

Tudo era muito mais difícil que hoje. Para não termos de descer até a cidade para dormir, passamos a noite dentro da caminhonete. Era agosto e, na serra, fazia muito frio. Tivemos de dormir no carro para não deixar o posto sozinho, à deriva.

João também estava ao meu lado na época em que o governo começou a controlar os preços dos combustíveis. A gasolina subia uma vez por semana. A notícia era transmitida para todo o Brasil ao mesmo tempo, pelo *Jornal da Globo*. Assim como acontece nos dias atuais, o *Jornal da Globo* começava por volta de meia-noite. Se a programação da Rede Globo incluía um filme, o telejornal era transmitido de madrugada. E a gente não tinha saída. Tínhamos de esperar para assistir.

Eu ficava na minha casa, com a Wanda e a Flávia ainda bebê, e João Batista na casa dele, esperando o noticiário. Se fosse anunciado aumento da gasolina, saíamos, a qualquer hora da noite, para atualizar os preços nas bombas de todos os postos. Era um trabalho manual necessário. E o João Batista era a pessoa que me auxiliava.

Hoje, quando há aumento nos preços dos combustíveis, os donos dos postos repassam o aumento quando e se quiserem. Mas naquela época não era assim! Se abríssemos o posto às 6h com o preço antigo, o posto seria multado e poderia até ser fechado. Eu e João Batista trabalhamos muito juntos, e devo muito a ele!

> *"Eu e o Cézar começamos a trabalhar na Zema quase ao mesmo tempo. Ao longo desse período, eu aprendi muito com ele. Ele é uma pessoa muito correta, dinâmica e muito humana com os funcionários e com as pessoas que trabalham diretamente com ele. É cumpridor de metas e exigente também.*
>
> *Quando começamos, muitas vezes precisávamos visitar os postos de carona. Às vezes, saíamos de casa e não tínhamos como voltar no mesmo dia. Precisávamos esperar amanhecer para pegar uma carona de volta.*
>
> *Outra época interessante que vivi ao lado do Cézar foi quando elaboramos os primeiros treinamentos para a equipe dos postos. Criamos o esboço a partir das necessidades do dia a dia. Começamos a desenhar o que poderíamos ensinar para o nosso funcionário trabalhar melhor e atender melhor.*
>
> *Percebemos que, se quiséssemos nos sobressair, teríamos que treinar a equipe. Precisávamos fazer alguma coisa para ter um diferencial em nossos postos.*
>
> *Lembro que o Cézar sentou à mesa um dia e escreveu a ideia. Eu cheguei, e ele perguntou a minha opinião. Começamos então a fazer o esboço de um treinamento. Era tudo manual, sem computador. Hoje, é muito fácil fazer no PowerPoint ou em uma planilha. Mas, antigamente, era na cara e na coragem, com o papel na mão.*
>
> *Graças a Deus, a gente foi muito feliz com esse treinamento. Conseguimos criar um diferencial para os postos*

Zema. Ficou perceptível a diferença. O atendimento realmente era diferente nos nossos postos.

O Cézar sempre falou que a gente não tinha que ser igual, tinha que ser melhor. Esse treinamento veio para suprir essa necessidade. Naquela época, nem as grandes distribuidoras tinham pensado nisso ou feito algo semelhante.

Do lado pessoal, também lembro muito do Cézar. Minha filha nasceu em janeiro de 1984 e, por volta de 1985 ou 1986, ela esteve muito doente. Eu precisei ficar fora por uma semana, e o Cézar passava em casa todas as tardes para saber como ela estava.

Na minha opinião, a principal característica do Cézar é o dinamismo. Acredito que dinamismo engloba todo o lado humano e profissional dele", conta João Batista.

Em 1986, Wanda engravidou novamente! Mais uma menininha estava a caminho para tornar a nossa casa ainda mais feliz. Daiana nasceu no dia 10 de abril de 1986 e, assim como Flávia, me ensinaria muitas lições.

Eu e a Wanda queríamos mais filhos. Se dependesse da nossa vontade, teríamos três ou quatro crianças. Em 1988, Wanda engravidou do nosso terceiro filho, o primeiro e único homem. Mas, infelizmente, uma pneumonia entre o sexto e o sétimo mês de gestação acabou provocando a perda do nosso bebê. O período foi muito complicado e difícil para todos nós, especialmente para a Wanda. Com o bebê já sem vida, ela foi submetida a uma terceira cesariana.

Na época, os médicos nos alertaram de que Wanda não suportaria mais uma operação. Assim, com grande pesar, decidimos fazer a cirurgia de laqueadura. A partir daquele momento, não poderíamos mais ter filhos.

Wanda, eu, Flávia e Daiana

"Ter filhos era o nosso sonho. Eu sempre gostei demais de criança. Como, em casa, eu sou a única filha mulher (tenho dois irmãos homens), sempre disse que Deus tinha que me dar duas filhas mulheres ou dois filhos homens! É horrível ser sozinha, não ter uma irmã! E Deus me deu as duas: Flávia e Daiana. Foi uma bênção!

Quando a Flávia nasceu, eu não sabia nem segurar um bebê. A minha mãe não conseguiu me ajudar por conta de uns problemas de saúde que ela tinha naquela época. A minha sogra, também não. Mas tivemos sempre um apoio muito grande do Dr. Jadir. Ele era médico de empresa e foi como um pai para mim. Ele me ensinou tudo, tudo mesmo.

Muitas vezes, eu ligava para o Dr. Jadir de madrugada, dizendo que a Flávia estava com febre e eu não sabia o que fazer. Até hoje, ele gosta muito das meninas, principalmente da Daiana, pois ela deu muito trabalho para ele", lembra Wanda.

ENSINAMENTO 6
ASSUMA RESPONSABILIDADES E BUSQUE SOLUÇÕES

Em empresas, por conta da divisão de atribuições entre os funcionários, é comum nos limitarmos àquilo que nos foi delegado.

Todo problema possui uma solução. Pode ser rápida ou demorada, definitiva ou provisória, mas existe. E para resolver problemas é preciso agir. Precisamos, como diz a expressão, "pensar fora da caixa", buscar e avaliar alternativas. Não podemos ficar parados esperando que outra pessoa proponha uma solução, porque, nesse tempo, a situação pode se tornar incontornável.

Precisamos saber identificar urgências e arregaçar as mangas para resolver os problemas da melhor forma possível, sempre com ética e seriedade.

Precisamos assumir responsabilidades e buscar as melhores alternativas. "Se é para assar, frita!". A solução sempre existe, mas precisamos ter coragem de fazer acontecer.

CAPÍTULO 7

GRANDES LIÇÕES E A COMPRA DA PRIMEIRA CASA

Ao longo da vida, aprendemos lições a todo momento. Precisamos saber identificá-las e nunca esquecê-las. Muitas vezes, é difícil aceitarmos e somente depois de algum tempo – anos, às vezes – conseguimos, de fato, compreender tudo o que deveríamos.

Por volta de 1988, além da preocupação em casa, também passei por um dos momentos mais difíceis e delicados na empresa. A minha responsabilidade era muito grande, e sempre tive a preocupação de entregar mais do que o Grupo esperava. Sempre busquei superar as expectativas e nunca me esquivei de problemas. Nunca tive medo de assumir responsabilidades e, consequentemente, sempre estive suscetível a cometer erros.

Dia após dia, enfrentamos situações novas e ganhamos experiência. Precisamos aprender a avaliar as dificuldades sob diferentes perspectivas. Todo problema possui dois lados, e cabe a um bom gestor saber identificá-los e analisá-los.

Como acontecia diariamente, certa manhã, chegou um caminhão de combustível para descarregar em um dos nossos postos em Araxá. Como era um trabalho rotineiro, não despendemos a atenção necessária e acabamos tendo um grande problema. O caminhão, que tem compartimentos separados para gasolina e diesel, fez a descarga invertida nos tanques. O gerente responsável pelo posto não notou a falha no momento em que a troca aconteceu e os carros que chegavam ao posto continuaram a ser abastecidos normalmente.

Até identificarmos que havíamos descarregado diesel no tanque de gasolina, apareceram muitos veículos danificados. Naquela época, com a inflação e com a economia ainda fechada, era muito comum automóveis mais antigos ainda rodarem. Alguns chegaram, inclusive, a ter o motor fundido. Lembro que recebemos reclamações de três carros com motores fundidos, entre eles um Passat e um Fusca (lembram do Passat e do Fusquinha?).

Eu já tinha mais de dez anos de empresa e tinha aprendido a ter o foco no cliente. Uma das minhas missões era oferecer sempre o melhor atendimento. Desenvolvíamos treinamentos e cuidávamos para que a atenção com o cliente fosse um dos nossos grandes diferenciais. Diante do problema de troca dos combustíveis, não tive dúvida. A responsabilidade era nossa e precisaríamos rever os danos causados a todas as pessoas que tivessem sido prejudicadas.

> **Uma das minhas missões era oferecer sempre o melhor atendimento.**

Quando os clientes começaram a chegar ao posto alegando problemas por conta da troca de combustível, orientei o gerente a encaminhá-los diretamente às concessionárias para os reparos. Na minha visão, a responsabilidade era 100% nossa e, portanto, qualquer reparo seria custeado pela empresa.

Quando alguns veículos chegaram a uma concessionária que não era do Grupo Zema, o gerente da oficina ligou diretamente para o Ricardo.

"Ricardo, o seu gerente dos postos mandou um carro aqui para eu retificar o motor e disse que é por conta da empresa. Posso fazer? Você está sabendo?", perguntou.

O problema era que o Ricardo ainda não estava sabendo. Eu assumi a responsabilidade e tomei a decisão sem consultá-lo e sem compartilhar com ele o problema. Lembro que ele me ligou e recebi a maior bronca profissional da minha vida. Ele falou tão duro comigo que até chorei. Na hora, fiquei muito decepcionado. Sempre me dediquei demais à empresa. Cuidava de tudo como se fosse meu, o admirava demais e não merecia ouvir tudo aquilo.

Então, eu disse: "Ricardo, estou indo aí para conversarmos pessoalmente".

Sempre procuro resolver as situações o mais rápido possível. Naquela época, o Ricardo ficava no centro comercial. Cheguei à sala dele, sentei e contei toda a história. Tinha sido a primeira vez que o Ricardo chamara a minha atenção. Ele nunca tinha sido tão duro comigo. E, mesmo com as minhas explicações, a percepção dele não mudava.

Fiquei realmente muito chateado com toda a situação. Mas, passado aquele momento, reconheci que o Ricardo tinha agido corretamente. A firmeza com que ele conduziu a situação era necessária para que eu aprendesse a lidar com momentos como esse. Crises e problemas exigem de todo gestor uma competência diferenciada. É necessária uma capacidade de análise de cenário bastante aprofundada. Precisamos nos questionar sobre os diferentes ângulos e aspectos de determinada situação. Temos de ter calma e cuidado antes de tomar qualquer decisão.

Passado o episódio, o Ricardo me chamou para conversarmos novamente e explicou por que tinha sido tão ríspido comigo. "Você não poderia ter feito isso. Precisava ter feito uma análise primeiro. Será que esses motores realmente fundiram por causa do óleo diesel? Será que já não estavam fundidos? Será que a responsabilidade era nossa mesmo? Você fez todas as avaliações antes? Você fez uma avaliação prévia para depois a gente mandar retificar?", questionou.

Eu, no Posto Zema, localizado na
Avenida Vereador João Sena, em Araxá

Aquele dia marcou demais a minha vida e influenciou o meu jeito de tomar decisões. De fato, aprendi como devemos agir em momentos de crise. E não só na vida profissional, na vida pessoal também! Muitas vezes, na ânsia de resolver um problema, podemos tomar decisões erradas. Uma coisa é sermos agéis, outra é sermos inconsequentes. Em momentos de crise, precisamos agir rápido, mas não podemos perder o cuidado de nos questionarmos sobre as possíveis causas da situação e as consequências das nossas decisões. Temos de deixar a emoção de lado e ser racionais e lógicos.

Também aprendi muito com a forma como Ricardo agiu comigo. Hoje, percebo que ele teve uma postura de chefe e de pai. Ele sabia que precisava ser duro comigo e que, no futuro, eu daria razão a ele. E foi o que aconteceu! Às vezes, somos muito duros com um filho, mas sabemos o quanto a atitude é necessária. Temos consciência de que, um dia, ele vai entender nossos motivos.

> **Aquele dia marcou demais a minha vida e influenciou o meu jeito de tomar decisões.**

Ricardo Zema gostava muito de mim e também confiava em mim. Ele reconhecia o meu comprometimento com a empresa e sabia da minha admiração e do meu respeito por ele. Além de mim, era perceptível também o carinho especial que o Ricardo tinha por um grande colega de trabalho: João Bosco.

Bosco, como costumamos chamá-lo, teve uma carreira muito parecida com a minha. Ele ingressou no Grupo em 1981, e crescemos juntos. Eu na gerência de postos e ele em eletrodomésticos. Sem dúvida, Bosco foi o responsável pelo início do crescimento na área de eletrodomésticos. Depois, chegou o Romeu Zema, filho de Ricardo Zema, e promoveu um grande *upgrade*. As Lojas Zema ganharam destaque e se tornaram uma das maiores redes de varejo do país.

Eu e Bosco vivemos alguns episódios interessantes juntos. Em 1988, Ricardo Zema decidiu que daria um terreno para cada um de nós como forma de reconhecimento pelos nossos serviços e pela nossa dedicação à empresa. Nós dois ainda não tínhamos casa própria, e o terreno seria a oportunidade de construirmos nossas casas lado a lado, nos tornando vizinhos!

A decisão chegou em um ótimo momento. Nós dois tínhamos filhos pequenos, e ter as nossas próprias casas era um grande objetivo. Sem dúvida, era a oportunidade que eu buscava havia muitos anos. Eu e o Bosco comemoramos a conquista e começamos a desenhar os projetos para construir as nossas primeiras casas.

Um dos negócios do Ricardo era a construção civil. O meu irmão João chegou a trabalhar por muitos anos na Construtora Zema. Naquela época, a empresa começou a construir casas para vender e já tinha finalizado duas. Localizadas na Rua Argeu Alves da Costa, as casas estavam prontas para ser vendidas. Quando fiquei sabendo, corri para conversar com o Bosco.

"Bosco, em vez de a gente construir as nossas casas nos terrenos, vamos fazer uma proposta para o Ricardo? Nós utilizamos os terrenos como entrada e fazemos o financiamento das casas que já estão prontas. São casas grandes, de duzentos metros quadrados cada uma, com garagem! O que acha?", sugeri.

Ele concordou e fomos conversar com o Ricardo. Sugerimos a devolução dos terrenos como entrada para fazermos o financiamento pela Caixa Econômica. O Ricardo aceitou a nossa sugestão, e fomos fechar o negócio.

Em 1988, me mudei, enfim, para a minha casa própria. Mesmo financiada, era a realização de mais um sonho! Pelo plano que fechamos, eu iria terminar de pagar a casa somente em 2012, quando eu completaria 56 anos. Cheguei a pensar que seria muito tempo para ficar pagando por uma casa, afinal levaria 24 anos para eu completar o pagamento. Mas, mesmo que demorasse todo o tempo do mundo, valeria a pena! Seria a minha grande conquista e o início da construção de um patrimônio!

Flávia, em frente à minha primeira casa,
com o carro (Monza) na garagem

> **Mas, mesmo que demorasse todo o tempo do mundo, valeria a pena! Seria a minha grande conquista e o início da construção de um patrimônio!**

Assim, Bosco e eu nos tornamos vizinhos, morando em casas iguais, construídas pela própria Zema. Mais uma coincidência da época foi que compramos, simultaneamente, o mesmo carro. A Chevrolet havia lançado o novo Monza. Mais uma vez, nós dois fomos juntos à concessionária e compramos o mesmo carro! E nada disso era combinado. Tudo acontecia naturalmente!

Alguns anos depois, já com as minhas filhas maiores, comprei um apartamento, onde moramos por mais alguns anos antes de eu adquirir o terreno no qual construí a casa onde moro até hoje. Bosco, por sua vez, também se mudou para uma nova casa. Até hoje, moramos próximos e nossas casas são muito parecidas!

Outra semelhança entre nós, que sempre nos aproximou, é a nossa paixão por fazendas. Em meados de 1996, Bosco comprou umas terras e, na mesma época, eu comprei uma pequena chácara. A fazenda dele prosperou e começou a produção de leite, assim como a minha!

No dia a dia, como os negócios para os quais trabalhávamos eram distintos, não tínhamos uma relação tão próxima. Mas sempre nos demos muito bem e um sempre apoiou a decisão do outro. Às vezes, ele precisava tomar uma decisão, nós conversávamos e eu o apoiava. Quando eu precisava tomar uma decisão, ele me apoiava também. Tínhamos força e a nossa palavra era respeitada no Grupo.

"A minha história com o Cézar na empresa, e mesmo pessoal e de amizade, começou quando eu entrei na Zema, em 1981. Eu fiquei na empresa por 35 anos. O Cézar já estava lá quando eu cheguei. No início, não éramos tão próximos. Começamos a nos aproximar mais quando nos tornamos vizinhos. Nós adquirimos as nossas primeiras casas próprias juntos, por volta de 1988. E essa aproximação foi aumentando a cada dia, pessoal e profissionalmente.

Quando o Cézar assumiu a área de petróleo e eu assumi a área de móveis e eletrodomésticos, trocávamos bastante ideia com relação à gestão do negócio. Depois, com a vinda do Romeu, a empresa fez grandes avanços na área de móveis e eletrodomésticos. Quando eu comecei, eram três lojas; depois, chegamos a ter 525. Realmente, o Grupo cresceu muito e começamos a criar as diretorias. Eu e o Cézar éramos superintendentes.

Fizemos, cada um na sua divisão, o máximo que podíamos para que a empresa galgasse o lugar que realmente merece. É um Grupo muito estruturado, muito sólido, de uma família muito humilde. Os acionistas deixam isso muito claro.

Eu e o Cézar trabalhamos muito com o Ricardo, que é um sabedor de toda a natureza comercial e pessoal. Uma sabedoria que ele passava para a gente com muita facilidade. Os filhos do Ricardo também seguem essa mesma linha. O Romeu é uma pessoa muito humilde, muito tranquila, muito inteligente, de uma visão enorme, ampla. Tanto que o crescimento de móveis e eletrodomésticos se deu a partir dos anos 1990, quando ele chegou à empresa. Na década de 1990, houve o pontapé inicial para o crescimento, e a empresa tinha uma vantagem muito grande: ela sempre cresceu a passos equilibrados, nunca se aventurou. E o Cézar, na área de combustível, seguiu a mesma linha.

O trabalho do Cézar mostra claramente uma eficiência, uma dedicação ao extremo. Ele sempre se doou muito à empresa. Como profissional e como pessoa, ele tem muitas qualidades. E foram essas qualidades que o levaram ao êxito, ao sucesso, a chegar à presidência de um Grupo desse porte", afirma João Bosco.

ENSINAMENTO 7
QUESTIONE-SE ANTES DE TOMAR UMA DECISÃO

Momentos de crise ou grandes problemas pedem um líder. Antes de tomar qualquer decisão, é preciso analisar a situação por diferentes ângulos. É preciso se questionar sobre todas as possíveis causas do problema, as possíveis falhas e as possíveis consequências. Somente com o cenário muito claro é que podemos pensar nas estratégias e tomar as decisões.

Também é necessária uma postura firme, séria e, muitas vezes, fria para conduzir a empresa à resolução do problema. Em situações tensas, nada é pessoal, e, quanto mais profissionais conseguirmos ser, mais eficazes seremos.

Precisamos deixar as emoções um pouco de lado, manter a calma e não ser impulsivos. Quando agimos somente orientados pela emoção, não analisamos todos os lados do problema e, consequentemente, podemos tomar decisões que levem a consequências ruins.

CAPÍTULO 8

A CRIAÇÃO DA ZEMA PETRÓLEO E DA COOCREZ

Os anos 1980 chegavam ao fim, e mais mudanças afetavam a economia. Passada a década perdida, em 1990, a eleição de Fernando Collor de Mello trazia novas perspectivas, inclusive para o setor de petróleo. Até aquele momento, todos os agentes que atuavam com distribuição ou revenda de combustível seguiam restrições rígidas. Não havia espaço para novos investimentos ou para novos agentes. Era realmente um setor fechado, controlado pelo governo.

As políticas adotadas a partir de 1990 mudaram esse contexto. O objetivo era diminuir a presença do Estado e aumentar a concorrência. Novas regras surgiram e flexibilizaram as condições para quem operava no mercado de combustíveis.

Desde a saída de João Batista Cordeiro, eu estava à frente dos postos do Grupo Zema. Na década de 1980, acompanhei todo o incentivo ao consumo de álcool. Agora, presenciava o começo do processo de desregulamentação de preços, que estaria concluído somente 12 anos depois, em 2002. O governo Collor realmente chegou com uma visão liberal, e precisávamos ficar atentos a todos os movimentos do mercado.

No início de 1990, o Grupo Zema possuía 12 postos próprios. Com as novas regras, sugeri ao

Ricardo abrirmos o que se chama de Transportador-Revendedor-Retalhista (TRR). Trata-se de um tipo de empresa que pode adquirir grande quantidade de combustível a granel, óleo lubrificante acabado e graxa, envasados, para vender aos grandes consumidores.

Ricardo sempre ouviu bastante as minhas sugestões. Ele realmente confiava no que eu dizia e sabia que eu jamais sugeriria algo que fosse prejudicial ao Grupo. A criação do TRR seria uma forma de buscarmos consumidores com os quais ainda não trabalhávamos. Além disso, como o volume de venda seria maior, poderia ser uma alternativa para aumentar a nossa receita.

Na realidade, o meu maior temor era não conseguirmos nos manter com os postos. Com a abertura do mercado, poderíamos vender combustível de outro fornecedor e não teríamos mais o controle de preços. Comecei a ter muitas dúvidas sobre como seria a nossa performance sem os preços tabelados pelo governo.

Até aquele momento, todos os postos seguiam os mesmos valores. Investíamos em treinamento, pois sabíamos que o nosso grande diferencial estava no atendimento. Afinal, o cliente poderia ir a qualquer posto, já que o preço do litro da gasolina era o mesmo em todos.

Com a liberação dos preços, como seria? Essa era uma questão que me acompanhava dia e noite, em casa e no trabalho. Precisávamos usar aquele momento para garantir a nossa presença no mercado. Certa manhã, acordei cedo, como de costume, por volta das cinco horas, e fui tomar o meu banho. Sempre aproveitei momentos como esse – e as viagens que fazia pelas cidades da região – para pensar e ter ideias. O barulho da água e o isolamento por

> **Na realidade, o meu maior temor era não conseguirmos nos manter com os postos.**

aqueles minutos me ajudavam a pensar. Eu estava sozinho e podia refletir sobre tudo o que me incomodava.

Naquele dia, o meu banho foi mais demorado. Lembro de ter ficado uns quinze minutos embaixo do chuveiro, com a água caindo no meu corpo, pensando em alternativas. E cheguei à conclusão de que precisávamos abrir uma distribuidora. Se criássemos a Zema Companhia de Petróleo, garantiríamos a gasolina que chegaria aos nossos postos e ficaríamos menos vulneráveis às mudanças que estavam por vir.

Quanto mais eu pensava, mais a ideia ficava clara em minha mente. Saí do banho, tomei o meu café com a Wanda, me despedi das minhas filhas e fui direto para a empresa. Era julho de 1995. Fui até a sala do Ricardo e compartilhei com ele o que eu havia pensado.

"Ricardo, estou pensando em criar uma companhia de petróleo para a gente atender os nossos postos próprios. A situação vai ficar difícil daqui para a frente", comentei.

Ricardo não esperava por aquela sugestão. Ele arregalou os olhos e me olhou fixamente. A minha impressão, apesar de ele nunca ter comentado nada do gênero, foi que a ideia o assustou um pouco. Até a década de 1990, o mercado de distribuição de petróleo no Brasil era dominado por gigantes multinacionais. Iríamos concorrer com Shell, Ipiranga, Texaco, Atlantic, sem falar na BR Distribuidora.

Para a Zema, uma empresa do interior de Minas Gerais, com menos de 20 postos em funcionamento, abrir uma companhia de petróleo era algo inimaginável. Sem dúvida, seria um desafio muito grande e, se não fosse conduzido de forma correta, poderia ser um "tiro no pé".

Mas, assim como eu, o Ricardo é um homem muito otimista que sabe que, quando a gente acredita e trabalha duro, tudo é possível. Ele me olhou – acredito que pensando e se questionando sobre a minha proposta – e respondeu:

"Claro! Vamos em frente! Pode ir! Eu te apoio!"

A criação e a abertura da Zema Cia. de Petróleo foram um marco para a minha trajetória profissional. Apesar de sempre ter sido funcionário, naquele momento assumi a postura de empreendedor. Eu queria, e propus ao Grupo para o qual eu trabalhava, criar uma empresa do zero, em um mercado dominado por gigantes globais e altamente controlado pelo governo, e assumi toda a responsabilidade por isso.

Hoje em dia, é muito comum ouvirmos especialistas em gestão de empresas e de pessoas dizendo que uma das principais características que as organizações buscam em seus funcionários é a visão empreendedora. Essa visão é essencial para guiar grandes grupos para novos caminhos. Quando falamos em novas iniciativas, não estamos falando em nos aventurar em mercados desconhecidos. O que as empresas realmente buscam é visão de futuro, iniciativa e alternativas que possam guiá-las a patamares nunca antes imaginados. Mesmo sem saber, estávamos colocando em prática o conceito de inovação, tão na moda nos últimos anos.

Saí da sala do Ricardo com a missão de construir uma companhia de petróleo para abastecer os nossos postos e nos trazer a segurança de que, mesmo com a desregulamentação dos combustíveis, os postos Zema continuariam existindo e teriam fornecedor garantido.

O apoio e a confiança do Ricardo foram essenciais para me motivar e me dar toda a energia necessária para enfrentar os desafios que surgiriam dali para a frente. Um otimismo ímpar tomou conta de mim. Eu não via a hora de colocar aquela ideia em prática! Mais que tudo, agora eu queria abrir aquela empresa.

Comecei uma corrida burocrática que parecia não ter fim. Hoje, é fácil abrir uma companhia de petróleo. Se você tiver o capital inicial necessário e cumprir as regras, rapidamente consegue abrir a empresa. Mas, naquela época, era muito difícil. Comecei a buscar os órgãos competentes e solicitar as liberações para o funcionamento da empresa.

Havia uma movimentação no mercado mineiro e outras empresas começaram a buscar as mesmas alternativas. Eu queria liderar o

Primeira nota fiscal emitida pela Zema Companhia de Petróleo

Eu trabalhando no escritório da Zema Companhia de Petróleo

movimento e fiquei sabendo que a Rio Branco também caminhava nesse sentido. Éramos concorrentes e, durante o processo, descobri que eles também estavam trabalhando para abrir uma distribuidora.

No dia 14 de julho de 1997, dois anos após eu ter conversado com o Ricardo sobre a ideia de criar a companhia, conseguimos faturar a primeira nota da Zema Companhia de Petróleo.

Ricardo Zema me apoiou em tudo. Quando não me apoiava diretamente, também não interferia. Ele nunca me disse: "Isso não pode" ou "Não vai dar certo". Na verdade, ele não tinha muito tempo de ficar acompanhando todos os meus passos. Então, ele me deu carta branca e me deixou seguir. Todo aquele processo, todos aqueles trâmites eram minha responsabilidade, minha obrigação.

No mercado, há dois tipos de postos: os que possuem contrato específico para aquisição de combustível de uma única empresa distribuidora e o mercado SPOT, ou "bandeira branca", no qual o posto pode adquirir combustível de qualquer distribuidora. A maior parte dos nossos quinze postos tinha contratos vigentes com outras distribuidoras. Apenas três unidades não tinham contratos vigentes. Começamos então a distribuir combustível para esses três postos. Conforme os contratos iam se encerrando, ampliávamos a venda da distribuidora. Vendíamos também para o nosso TRR, que revendia para grandes consumidores e para alguns postos "bandeira branca".

Comecei a buscar profissionais que pudessem me ajudar na gestão da distribuidora. Apesar de ter liderado a abertura da empresa, eu entendia mesmo era de posto de gasolina. Na venda para o atacado, surgem outras negociações, demandas, necessidades e soluções. Era um processo de desbravar um novo mercado. E eu precisava de profissionais que me ajudassem a conduzir o negócio para termos sucesso. Contratamos então o Adilson Santos, um jovem de 29 anos. A nossa história juntos já dura mais de 20 anos e, sem dúvida, ele me ajudou e me ajuda muito até hoje.

"Começamos a trabalhar juntos quase por acaso. Quando eu entrei no Grupo, o processo de seleção de que participei era para trabalhar nas Lojas Zema Eletro. No meio do processo, eu descobri que a vaga era de gerente trainee e o contratado precisaria viajar. Eu estava fazendo faculdade e tinha uma filha recém-nascida. Eu falei para as pessoas que estavam fazendo a seleção, a Márcia Chaves e a Celina, que eu não tinha interesse porque teria de sair de Araxá. Eu agradeci, e elas falaram: 'Mas continua. Participa do processo até o final'. Eu continuei, mas não tinha interesse naquela vaga específica. No último dia da seleção, eles me apresentaram ao Cézar. Ele precisava de uma pessoa para ficar em Araxá.

O Cézar é muito entusiasmado. Ele transmite muita vontade. Em poucas conversas, ele já fala sobre os planos, o que interessa a ele, o que ele gostaria que acontecesse. Ele é muito objetivo nesse aspecto. Para falar a verdade, fiquei um pouco assustado no início. No mesmo momento em que ele comentou comigo sobre os planos, ele ressaltou também muitas responsabilidades. Acredito que ele pensou mais ou menos assim: 'Vou falar logo, porque, se ele não quiser, ele espana e não fica. Eu já vou assustá-lo pra ele ver se acha que aguenta'.

Nessa primeira conversa, ele perguntou sobre tudo, afinal era um cargo de confiança. Eu seria treinado para ser uma espécie de supervisor nos postos. Apesar de, na época, eu já ter 29 anos, eu tinha cara de mais novo e era (e ainda sou) roqueiro. Eu tinha uma banda de rock e tocava duas vezes por semana. Também era professor no Senai!

Comecei a trabalhar com ele e comentei que tinha uma banda. Em determinado momento, ele olhou para mim e disse: 'Olha, você vai me desculpar, mas você vai precisar escolher: ou você toca ou você trabalha na Zema'. Obviamente, eu precisava trabalhar e deixei a música de lado.

> *Ele era muito rígido e o ritmo dele era impressionante. Chegávamos às seis e pouco da manhã. Ele fazia muita coisa sozinho, não passava para ninguém. Quando eu comecei a trabalhar com ele, tivemos uma sintonia muito grande. Ele percebeu que poderia investir um pouco em mim e começou a delegar algumas atividades. Aos poucos, fui assumindo responsabilidade e fomos nos aproximando.*
>
> *Desde muito pequeno, não sei se é um defeito ou uma qualidade, eu costumo falar o que eu penso. Quando eu percebia algo com que não concordava, eu dizia: 'Cézar, não é assim, não'. E essa sinceridade nos aproximou mais ainda. Eu tinha a confiança de poder falar o que eu pensava para ele. E ele, por sua vez, sempre me ouvia", conta Adilson.*

A partir daquele momento, a Zema Companhia de Petróleo começou a andar a passos largos e de forma muito natural. Depois de um tempo, veio uma portaria da Agência Nacional de Petróleo (ANP) que passou a nos obrigar a ter uma base própria para manter o registro da Companhia. Inicialmente, não era necessário ter uma base própria.

Compramos então uma base em Uberaba para atender aos postos da região. Lá acabou sendo a nossa matriz. Depois, um colaborador disse que tinha uma oportunidade em Goiânia. Abrimos mais uma unidade. Posteriormente, compramos uma base no Mato Grosso. Ou seja, essas três filiais foram consequências diretas da exigência da ANP: a matriz em Uberaba, a unidade de Goiânia e a base no Mato Grosso.

Sempre conhecemos muito bem o mercado mineiro, principalmente nas proximidades de Araxá. Ao ingressar nos mercados de Mato Grosso e Goiás, identificamos uma excelente oportunidade. Percebemos que poderíamos expandir ainda mais os negócios. Tínhamos postos próprios, o TRR e a distribuidora.

Em vez de abrir postos próprios nos dois estados, pensei em fazermos diferente. Contratamos assessores e gerentes e focamos na venda dos combustíveis principalmente para o mercado SPOT. A expansão foi inevitável e continuou rapidamente. Abrimos mais uma filial em Uberlândia, depois outra em Betim. Naquele momento, começamos a desenhar uma verdadeira estratégia de expansão e crescimento da Zema Companhia de Petróleo.

"Conheço o Cézar desde criança. Ele deve ser aproximadamente dez anos mais velho que eu. Desde pequeno, eu me lembro de ver o Cézar trabalhando. Meu pai sempre teve um relacionamento estreito com ele. Éramos uma empresa pequena, com poucos funcionários, e conhecíamos todo mundo. Empresa familiar tem os seus princípios e o seu histórico. Tem o meu bisavô, que veio da Itália para o Brasil, e o meu pai, que sempre fez questão de passar o sonho para a gente. Como tínhamos esse relacionamento com o Cézar, o meu pai acabou passando esse sentimento para ele também. E o Cézar se identificou.

Ele tem um mérito muito grande pela criação da Zema Petróleo. Foi praticamente ele que deu andamento em tudo, criou a empresa, desenvolveu tudo, sempre com o ok do meu pai, do Romeu e da família.

A empresa chegou a ter vários postos de combustível, e ele estava à frente de todos. O meu pai sempre comentava que ele queria fazer o negócio crescer. Na época em que a distribuidora foi constituída, era uma burocracia enorme e o Cézar realmente lutou, foi atrás de tudo e conseguiu aprovar esse processo bem demorado. Tudo por mérito dele, mais de 90%. Ele ficou responsável pela criação da empresa e a Zema Petróleo chegou a ser o carro-chefe do Grupo, em faturamento e lucro.

A gente cresceu ouvindo que o Cézar era uma pessoa de confiança e que queria se desenvolver profissionalmente. Atentou-se às oportunidades e soube aproveitá-las. A

> *posição do meu pai, não só com o Cézar, mas com todos, sempre foi a de tratar as pessoas como se elas fossem da família. Algumas pessoas absorvem isso; outras, não. E o Cézar absorveu. Ele sempre trabalhou na empresa, ao lado da casa do meu pai, quando a gente era menino. O escritório era próximo e o posto era bem ao lado. A distribuidora de lubrificantes e o depósito eram em frente à casa dele. Então, criou-se esse vínculo mesmo. A gente se conhece de verdade, como irmão, e acompanhou a história toda da empresa",* conta Romero Zema.

A partir das iniciativas com a distribuidora, assumi a posição de diretor da Zema Companhia de Petróleo. Como comandei todo o processo, Ricardo Zema, Romeu, Romero e os demais sócios da Zema me incluíram no contrato social da empresa, da qual também tive uma participação acionária. Foi, sem dúvida, um grande reconhecimento!

Paralelamente à criação da Zema Companhia de Petróleo, eu também estava engajado em outras iniciativas. Como parte do Grupo Zema, sempre busquei novas possibilidades de negócios e sempre tive um olhar cuidadoso para a equipe. Assim como o Ricardo confiou em mim, me ensinou e me ajudou sempre que pôde, eu também sempre olhei para o nosso time como uma grande família. Foi assim que eu aprendi com ele, era assim que eu gostava de ser tratado e era assim que eu queria acolher a todos do time.

Até 1992, a empresa fazia, todo dia 15, o adiantamento de 30% do salário dos funcionários. Por conta da inflação galopante da época, era preciso antecipar parte dos pagamentos para garantir o poder de compra dos colaboradores. Chamávamos de "vale". Um dia, por conta do momento econômico difícil do país, chegou-se a cogitar internamente interromper o adiantamento.

Quando eu soube da possibilidade, logo pensei nos colaboradores. Eles dependiam daquele "vale". Como eu conhecia e acompanhava bastante a trajetória da Arafértil e da CBMM, eu sabia que essas companhias tinham cooperativas de crédito para os funcionários. Então, pensei: por que não fazermos algo semelhante aqui na Zema?

A criação de uma cooperativa poderia ser a solução para o problema. Em vez de adiantar parte do pagamento, poderíamos emprestar os recursos por meio da cooperativa, com juros subsidiados.

Procurei me certificar de como funcionavam os processos e o modelo de cooperativismo. Ou seja, o primeiro passo foi buscar informações e conhecer referências. Após ter o cenário mais claro, chegou o momento de apresentar a ideia aos funcionários e reunir o número de colaboradores necessário para iniciarmos as atividades.

> **Chegou o momento de apresentar a ideia aos funcionários e reunir o número de colaboradores necessário para iniciarmos as atividades.**

Criamos a Cooperativa de Crédito dos Funcionários do Grupo Zema (Coocrez) no dia 30 de julho de 1993. Fui presidente da instituição por muitos anos. Iniciamos como cooperativa e, posteriormente, descobrimos que poderíamos abrir contas-correntes. Acabávamos de criar o nosso banco.

Ao longo dos anos, a Coocrez foi crescendo e, chegando a ter mais de 7 mil contas ativas, tornou-se uma das maiores instituições financeiras da região. João Bosco esteve ao meu lado durante todo o processo. Juntos, alternamos as posições de presidente e vice-presidente da Coocrez entre 1997 e 2009.

Eu, em frente ao Ministério de Minas e Energia, na época de criação da Zema Companhia de Petróleo

"Cézar, eu e mais 18 pessoas formamos um grupo para a base da cooperativa. Exigiam-se ao menos vinte sócios para a abertura e nós conseguimos! Na época, era tudo muito primitivo, muito manual. Criamos o estatuto da cooperativa e ela começou a operar. Outros funcionários viram os benefícios e começaram a se afiliar também. A iniciativa cresceu e, depois de vários anos, precisávamos ter um presidente. Na época, o Cézar se lançou como candidato e me convidou para termos uma chapa juntos.

Foi uma verdadeira campanha! Eu e ele nos lançamos candidatos e não queríamos perder. Nós vencemos por uma diferença muito grande, o que mostrou a nossa credibilidade perante todo o grupo de funcionários. Tivemos cerca de 80% dos votos.

Essa conquista reforçou mais ainda o nosso papel como executivos da empresa. Nós montamos uma equipe muito boa na cooperativa. Trouxemos um gerente, que era bancário e nos ajudou muito. Tivemos um apoio muito importante da central das cooperativas em Belo Horizonte também.

Ele como presidente e eu como vice, depois eu fui eleito presidente, e invertemos esse cargo umas três ou quatro vezes", relembra João Bosco.

O meu envolvimento e a minha preocupação com os funcionários sempre existiram e são muito genuínos. Em 1982, por exemplo, eu já estava engajado na criação da Associação dos Funcionários Zema (AFZ). Eu sentia a necessidade de uma área de lazer para todos, estruturada e com potencial para que os funcionários levassem as famílias nos finais de semana. Tínhamos um terreno muito grande em Araxá e eu pensei: por que não usar esse espaço para criar um lugar de lazer para os funcionários?

No início, colocamos a mão na massa mesmo. Com o aval do Ricardo, começamos pessoalmente a obra. Eu, o Bosco e o Nivaldo estávamos juntos na empreitada. Criamos um espaço muito bom, com sauna, quadra, campo de futebol, piscina, parque para as crianças. Posteriormente, a área passou a se chamar Clube Zema, o clube de todos os nossos colaboradores.

Como comandei todo o processo de criação da Zema Petróleo, acabei acompanhando muito os trâmites políticos e os movimentos das empresas. Assim, apareciam oportunidades em entidades e eu sentia que era meu dever participar. Eu precisava dividir com todos o que eu já havia enfrentado. Na época, eu era síndico do prédio onde morava, fui vice-presidente da Associação das Distribuidoras de Combustíveis (Brasilcom); presidente da AFZ; diretor do Sindicato do Comércio Varejista de Derivados do Petróleo do Estado de Minas Gerais, o Minaspetro; fui diretor da Central das Cooperativas de Crédito etc. Chegou um momento em que eu acumulava doze funções diferentes.

O mais engraçado é que eu nunca me senti superior a ninguém. Na verdade, eu nem achava que era capaz de acumular tantas atividades. Para mim, tudo aconteceu por acaso. Eu não tinha em mente o objetivo nem a meta de me tornar sócio nem diretor de empresa, muito menos de comandar entidades representativas de setor. Eu queria apenas fazer o meu trabalho e compartilhar com todos o que eu estava aprendendo.

> *"Eu conheci o Cézar praticamente no mesmo momento em que ingressei no mercado de combustível. Especificamente em distribuição de combustível, nós começamos exatamente juntos. Por um longo período, nós tivemos uma relação formal. Hoje, somos amigos. Somos concorrentes e amigos. Na verdade, ele é o meu maior concorrente, mas é uma pessoa que eu respeito muito. Como ele sempre respeita as regras, trata-se de uma concorrência saudável.*
>
> *Posso dizer que aprendi muito com o Cézar e admiro a competência dele. Toda pessoa que eu conheço que é*

competente é humilde também. E a humildade dele me encanta muito. É um cara que tem uma história muito bonita dentro do Grupo Zema.

Hoje, temos uma amizade mesmo, de coração. Sabemos diferenciar bem a parte pessoal da profissional. Somos concorrentes, mas somos parceiros em várias unidades: Betim, Uberaba, Uberlândia, Ribeirão Preto e Senador Canedo", conta Fábio Rios, presidente da Rio Branco.

ENSINAMENTO 8:
TENHA PERFIL EMPREENDEDOR

"Empreender" pode tanto significar "tentar" quanto "decidir realizar" (uma tarefa difícil e trabalhosa, por exemplo). Pelo uso atual do termo, é comum associarmos empreendedorismo apenas aos fundadores de novas empresas. No entanto, a vontade de realizar que há nos empreendedores é essencial para o desenvolvimento de histórias de sucesso e para a consolidação de times de alta performance.

É possível, sim, desenvolver um perfil empreendedor. Ter coragem e iniciativa de criar e desenvolver algo novo são características sempre bem-vistas. Toda empresa quer ter em seu time profissionais empreendedores. Eles identificam oportunidades, trazem novas ideias e mergulham fundo em projetos para fazê-los, de fato, acontecer.

Características como essas garantem inovação às empresas e, acima de tudo, mostram aos gestores o envolvimento do funcionário e seu foco no futuro do negócio.

CAPÍTULO 9

A TEORIA PARA REFORÇAR A PRÁTICA

As atribuições da Zema Companhia de Petróleo e o dia a dia tumultuado começavam a trazer uma nova certeza: eu precisava voltar a estudar. O tempo estava passando. Eu havia completado 41 anos e ainda não tinha um diploma. Estávamos construindo uma grande empresa e eu precisava estar capacitado para enfrentar todos os desafios que, certamente, ainda estavam por vir.

Como o principal executivo da Zema Petróleo, eu começaria a participar de reuniões com outros empresários, com a ANP e outros órgãos relacionados ao setor. Além disso, eu já era um diretor e aquela situação de não ter um curso superior começou a me incomodar.

Um dos grandes dilemas que me acompanhavam diariamente era como conciliar uma faculdade com a rotina de trabalho. Eu tinha inúmeras atribuições profissionais e em casa também. Como eu conseguiria tempo para me dedicar aos estudos? Pensei em iniciar a faculdade e, se não conseguisse concluir, trancaria.

Eu já havia passado por isso algumas vezes ao longo da minha trajetória estudantil, e interromper os estudos mais uma vez não me faria mal! Porém, havia mais um "pequeno" detalhe: para prestar o vestibular, eu precisaria primeiro completar o segundo grau. Eu ainda não tinha terminado o terceiro colegial.

Diariamente, eu buscava uma solução, mas, por mais que eu pensasse, não tinha jeito! Eu precisava, sim, estudar! Conversei em casa com a Wanda, e o momento era aquele. As minhas filhas já tinham mais de 10 anos de idade. Tínhamos comprado a nossa primeira chácara e íamos para lá aos finais de semana. Eu poderia aproveitar aqueles momentos para estudar.

Conversei sobre a minha ideia também na empresa. Recebi o apoio de muitas pessoas, que não apenas me elogiaram, mas também me incentivaram muito a retornar aos estudos. Além do Adilson, que estava ao meu lado quase todos os dias – e foi um dos grandes responsáveis por eu me manter motivado –, Márcia Chaves, minha prima, era uma consultora de todos os executivos da Zema e teve um papel importantíssimo na época.

Quando eu morava na casa da minha avó, ainda menino, Márcia me ajudava com as tarefas da escola. Ela conhecia toda a minha história escolar. Era muito calma e tinha um conhecimento incrível. Quando se casou, mudou-se para o Mato Grosso e, anos depois, voltou para Araxá e foi contratada pelo Grupo Zema. Ela se tornou o que hoje chamamos de *coach* profissional. Qualquer diretor da Zema, quando tinha um problema ou uma dúvida, buscava a ajuda da Márcia. E ela estava sempre pronta para nos orientar.

Eu estava decidido a começar o curso superior em 1998. Assim, corri para me matricular em um supletivo – um daqueles cursos rápidos que buscam ensinar todo o conteúdo escolar em um tempo reduzido, normalmente para quem não pôde concluir o curso no tempo regular. Lembro que algumas pessoas chegaram a me criticar por isso. Pensavam: "Como um diretor da Zema está cursando supletivo?". Mas eu precisava completar as matérias restantes do terceiro ano para poder prestar vestibular.

Sempre fui muito aberto a críticas e respeito os diferentes pontos de vista. Nunca me considerei o dono da verdade e sabia que poderia aprender com todos à minha volta. Mas aquilo não era uma crítica construtiva. Eu precisava concluir o segundo grau para ingressar na faculdade. E, se o caminho para chegar lá era o supletivo, era por esse caminho que eu iria seguir. Terminei as matérias que faltavam e prestei vestibular para Administração de Empresas na Universidade Integrada do Triângulo. Tudo isso simultaneamente aos primeiros negócios da Zema Companhia de Petróleo. Estava ansioso para o retorno às aulas e inseguro com o que estava por vir. Nunca havia frequentado uma faculdade, mas sabia que, no dia a dia, já havia enfrentado muito mais problemas do que eu veria em sala de aula. A dificuldade seria conciliar tudo: família, filhos, trabalho, responsabilidades.

O período de faculdade, apesar de tumultuado por todas as outras atividades que eu conduzia, foi muito interessante. Eu era um *case* real em sala de aula. Ao contrário da maioria dos alunos, que ingressam no ensino superior ainda muito jovens, com o objetivo de aprender a teoria antes de executá-la, eu já estava ficando calejado da prática. Já estava na empresa havia mais de vinte anos e tinha vivenciado as mais diversas situações, passando por questões burocráticas, fiscais, financeiras e de gestão de pessoas.

Nas discussões em sala, eu trazia para o debate muitos casos que vivíamos na empresa, o que, acredito, enriquecia as aulas e o aprendizado de todos. Assim como no primário, eu era o mais velho da turma. Meus colegas tinham metade da minha idade e eu me sentia como um pai para todos eles. Quando tínhamos os tradicionais trabalhos em grupo, a nossa equipe ia para a minha chácara nos finais de semana. Naturalmente, e sem perceber, eu acabava liderando o grupo e acompanhando o desempenho de todos.

Os trabalhos em equipe eram realmente a melhor parte. Sempre adorei fazer trabalho em grupo. Ao contrário de quando eu estava no primário, no período de faculdade fiz muitos amigos. Alguns colegas de classe, por sinal, foram até contratados pela Zema. Outros já trabalhavam comigo e estudavam na mesma sala, como é o caso do Rafael de Lucca Rozário.

> *"Conheci o Cézar em 1998, quando entrei no Grupo Zema. A vida inteira trabalhei com ele, mas não diretamente. Um dia, comentei que começaria a faculdade na Unit, e ele me disse: 'Eu passei lá também'. Acabamos estudando na mesma sala e nos formamos juntos.*
>
> *Na faculdade, o Cézar era o 'pai' da turma. Ele tinha muita prática, algo que a maioria não tinha. A média de idade da turma não era das mais baixas, mas também não tinha muita gente experiente. O Cézar era, sem dúvida, o aluno mais experiente. Enquanto nós ainda fazíamos o curso de Administração, ele já era um administrador, já estava à frente de um negócio. Consequentemente, ele ensinava muito e trazia muitos exemplos.*
>
> *Por outro lado, como ficou parado por muitos anos, ele era um pouco frágil na questão teórica, desacostumado do estudo. Assim, apesar de, na prática, ele dar aula para todos nós, na teoria, muitas vezes, ele pedia ajuda. Nunca, por ser um diretor, deixava de pedir ajuda. Se ele não entendia, ele nos perguntava e sempre foi muito aberto",* conta Rafael de Lucca Rozário.

Um dos aspectos mais importantes para mim na faculdade foi a possibilidade de estar perto de pessoas muito mais jovens e aprender a trabalhar com elas. Eu podia dividir com eles como era o mundo corporativo real; eles, por sua vez, me ensinavam como engajar, como liderar e como trabalhar com pessoas mais novas.

> *"Quando eu entrei na Zema, eu estava fazendo faculdade e, naquela época, não era comum. A maioria dos nossos funcionários não tinha ensino superior. Acredito que o fato de eu estudar e trabalhar com o Cézar acabou o incentivando.*
>
> *O Cézar sempre foi uma pessoa muito intensa. Acordava às cinco da manhã, tinha um dia de trabalho intenso*

e, claro, ficava desanimado para ir para a faculdade. Ainda mais depois dos 40 anos, não deve ser fácil!

Nesse aspecto, eu cheguei a brigar com ele. Falei: 'Não é possível. O mais difícil você fez, que foi concluir o segundo grau e passar no vestibular. Agora que você está na faculdade, não quer ir? Pode deixar que todo mundo vai te ajudar'. E ajudávamos mesmo!

Por conta da Zema Petróleo, era comum ele viajar e chegar depois do horário de início das aulas. Ele queria ficar na Zema para trabalhar. Eu dizia que ele tinha que ir para a aula, sim, que ainda daria tempo de assistir pelo menos a uma parte.

Além disso, ele precisava do ambiente da faculdade, principalmente por conviver com pessoas mais jovens. Isso ajudou ele demais. Ele era o mais velho e convivia com uma garotada que vivia brincando, marcando festa, coisas que ele não vivenciou na juventude, pois precisou trabalhar demais entre os 16 e os 30 anos.

Por isso a faculdade deve ter sido tão legal para ele. Nem tanto pelo conhecimento técnico, que também deve ter agregado, mas, principalmente, pelo convívio", conta Adilson.

O curso de Administração completo era composto por oito períodos. Quando eu estava no terceiro semestre, pensei seriamente em trancar a matrícula. Estava enfrentando um período muito tumultuado e pensei que a melhor saída, realmente, seria parar por um tempo. A Zema Petróleo apresentava uma trajetória ascendente, as viagens começaram a ficar mais frequentes e eu precisava me dedicar ainda mais.

Uma noite, durante o período de aulas, procurei o coordenador do meu curso, o professor Fernando Ganime, hoje já falecido. Comentei com ele sobre o meu dilema e os fatores que me motivavam a interromper o curso. Não era uma decisão fácil, mas eu precisava

Eliana (esposa do Adilson), Adilson, Wanda e eu

me dedicar mais à empresa. Naquele dia, ele me deu uma grande lição de moral. Ficamos conversando por mais de uma hora até ele me convencer de que eu precisava continuar. Aquele era o momento de eu me dedicar aos estudos. Se eu parasse, provavelmente não retornaria mais e, consequentemente, perderia a oportunidade de conquistar uma formação profissional e as oportunidades futuras. Todas as noites, eu chegava em casa no mesmo horário; naquele dia, por causa da conversa, demorei muito mais e deixei a Wanda preocupada.

Então decidi continuar. Em termos de conteúdo, o único que realmente gerava desconforto para mim era geometria. Passado o quarto semestre, com as disciplinas mais técnicas, realmente, eu já estava tão confortável com a faculdade que os professores chegavam a me convidar para dar aulas. Quando o tema era marketing, as experiências vividas na Zema eram trabalhadas como *cases*. De fato, eu estava confirmando na teoria tudo o que eu já havia aprendido na prática.

Essa vivência foi importante para me trazer ainda mais segurança. Eu já tinha uma grande bagagem e poderia, sim, conduzir a empresa da melhor forma possível.

Tanto em casa como na empresa, a minha dedicação e a minha força de vontade para terminar a faculdade foram muito apreciadas. Fui e ainda sou um exemplo para aqueles que, assim como eu, já tinham passado dos 40 anos e não tinham voltado à escola.

Na época, eu recebia o apoio de muitos profissionais e diretores da Zema. Um deles era o Wagner Oliveira. Os seus conselhos e incentivos foram essenciais para eu manter o foco na minha formação acadêmica e no meu desempenho profissional. Conversávamos muito sobre isso. Anos depois, quando eu já havia encerrado o curso e a Zema Petróleo estava consolidada, Wagner passou a fazer parte da Unizema, unidade do Grupo dedicada à formação dos nossos profissionais. Ele criou um treinamento para os *trainees* e, em um dos módulos, ele enfatizava o "Efeito Cézar Chaves".

Aquele período, que para mim foi muito difícil e que quase interrompi, era um exemplo e um motivador para todos os jovens profissionais que ingressavam no Grupo.

> *"De 1990 até 2002, eu trabalhei na Zema. Fui diretor de Marketing e, posteriormente, diretor de Recursos Humanos. O Cézar era diretor de Combustíveis. Eu acompanhava a trajetória dele e observava como ele tratava tudo sempre com muito rigor. Nós víamos os postos avançando, e eu admirava muito a assertividade com a qual o Cézar tratava tudo ao seu redor. Eu realmente admirava a disciplina que ele tinha.*
>
> *Se você tem um objetivo, você tem que ter disciplina. E o Cézar sempre teve essa característica muito forte. Ele sempre foi muito disciplinado e muito exigente em tudo o que fazia. As pessoas, de certa forma – para usar um termo bem popular –, tinham medo do Cézar. Com ele, as coisas tinham que acontecer e aconteciam.*
>
> *Quando a gente montou um programa de integração na empresa, eu usava alguns exemplos de mercado para discursar sobre motivação na carreira. E criei o 'Efeito Cézar Chaves'. Era quando eu enfatizava que a disciplina pode te levar a qualquer lugar. Eu contava, como exemplo, que tinha uma pessoa que tinha começado como frentista, sido supervisor de posto, secretário, tudo o que pudesse ser dentro do posto, e que, naquele momento, já era diretor.*
>
> *Então, hoje, quando o Cézar fala 'atenda bem o cliente' não é porque ele leu isso em algum lugar. É porque ele viveu isso de maneira muito forte. Ele era muito assertivo no que ele queria. Não porque ele achasse que era importante; ele já tinha vivido uma situação como aquela e tinha certeza de que era importante.*

O resumo do 'Efeito Cézar Chaves' era: 'Dedique-se com qualidade que o sucesso será uma garantia'. Com dedicação e disciplina, o sucesso está garantido. O 'Efeito Cézar Chaves' era a aplicação dessa disciplina no dia a dia e a simplicidade para aprender.

Quando ele decidiu entrar na faculdade, ele veio falar comigo. Eu disse: 'O momento é esse'. E, de novo, veio a dedicação. Lembro que eu estava saindo para Uberaba, de carro, e o Cézar me ligou contando que não iria fazer a matrícula. Ele achava que, por conta da idade, seria ridicularizado pela moçada e que isso seria ruim para a imagem dele.

Lembro que eu brinquei com ele e falei assim: 'Ruim para a sua imagem é não ter uma formação ou é conviver e aprender com essa moçada? Essa moçada tem um monte de coisa para ensinar para a gente'. Eu voltei e conversei muito com o Cézar. Falei: 'Você vai. Se precisar de alguma coisa, eu vou te ajudar'. E, realmente, isso foi muito marcante para ele", conta Wagner Oliveira.

Concluí a faculdade em 2001. Foram quatro anos ininterruptos de estudos, novos amigos, novos conceitos e uma grande batalha. A minha formatura aconteceu em 2 de janeiro de 2002. Foi uma grande alegria e, de fato, um marco. Naquele momento, muitas histórias passaram pela minha memória. Lembrei do meu pai, com o sonho de um dia ter um filho graduado e bem-sucedido. Lembrei da minha mãe e de toda a luta para criar meus irmãos e eu, após ter ficado viúva aos 40 anos. Lembrei da Wanda, das minhas filhas e de todos os momentos juntos que precisei sacrificar para me dedicar à carreira e aos estudos. Lembrei de todo o apoio que recebi da família e de grandes amigos. Concluir uma faculdade aos 45 anos, com uma rotina de trabalho repleta de obrigações e compromissos, realmente não é tarefa fácil. Foi um desafio diário, que superei com muito incentivo e muita força de vontade. Enfim, eu havia vencido! Vencido o medo de começar, de ser ridicularizado, de não ser capaz de acompanhar a turma e de completar os estudos.

Reconheço que não teria vencido sozinho. Sei que não teria conseguido completar os estudos sem ter uma equipe dedicada e competente e uma família sólida ao meu lado. Minha graduação foi uma grande conquista, na qual superei meus próprios medos e que pude comemorar ao lado de todos que eu amava e admirava.

"Eu vejo o Cézar como um profissional totalmente comprometido. Eu sempre vi o Cézar extremamente envolvido, muito mais do que as outras pessoas. Sempre escutei do meu pai (Ricardo Zema) que ele era um ótimo profissional. No posto, o meu pai percebeu que o lugar onde ele trabalhava era sempre o mais organizado, mais limpo. Meu pai sempre falou de forma positiva sobre o Cézar! Ele sempre citava algumas pessoas como peças fundamentais para empresa e falava: 'Olha, a empresa não pode ficar sem fulano'. E o Cézar se mostrou realmente o mais importante.

Ele terminou a faculdade aos 45 anos de idade. E eu vi nele essa vontade. Ele fez o curso, acredito que com muito sacrifício; afinal, tinha família e comandava uma empresa. Achei notável esse interesse dele.

Quando ele se formou, me lembro perfeitamente, eu e meu pai fomos ao Hotel Virgílio assistir à sua formatura", conta Romeu Zema Neto, que também foi o patrono da turma.

ENSINAMENTO 9
TENHA DISCIPLINA E HUMILDADE

Quando queremos algo, precisamos nos dedicar e ter disciplina para superar os desafios. Obstáculos – simples ou complexos – sempre aparecem e, por causa deles, é muito fácil pensarmos em desistir. É a disciplina que nos permite manter o foco.

Além da disciplina, para superar os desafios, muitas vezes precisamos de ajuda. Devemos ser humildes para entender que não sabemos e nunca saberemos tudo. Precisamos ser humildes para pedir ajuda sempre que necessário, independentemente do cargo ou da posição que ocuparmos. Todos nós aprendemos com as pessoas e com as experiências diárias. Por isso, disciplina e humildade são essenciais para nos ajudar a superar grandes ou pequenos obstáculos.

CAPÍTULO 10

OS MOMENTOS EM FAMÍLIA E A GRAVIDEZ DA FLÁVIA

Apesar de toda a minha dedicação ao trabalho, a minha principal motivação estava em casa. Minha família sempre foi a razão pela qual eu queria construir algo melhor. O meu jeito firme, sério e, para muitos, "duro" no trabalho também era percebido em família. Sempre conduzi as situações com muita rigidez, o que incluía, obviamente, a educação das minhas filhas.

A vida, no entanto, é repleta de surpresas – surpresas que embelezam o nosso dia a dia e trazem novos sentidos e novas motivações. Não importa a nossa idade ou o que já fizemos no passado, sempre há algo novo com o qual podemos aprender e características que podemos melhorar. De fato, é sempre possível ser alguém melhor!

Nunca fui um visionário, muito menos uma pessoa com muita vaidade ou ambição. Acredito que tudo na minha vida aconteceu de forma natural e sem pretensão. Nunca planejei ser gerente nem supervisor dos postos, muito menos diretor e sócio da Zema Petróleo. Se alguém me perguntar o que eu mais quero na vida, tanto pessoal como profissional, a minha única resposta será que eu quero fazer o meu melhor, seja como filho, irmão, pai, marido, funcionário ou chefe. Independente-

Wanda, sempre um alicerce da nossa família

mente da posição em que eu estiver, quero desempenhar o meu melhor papel e entregar mais do que esperam de mim.

Infelizmente, aprendemos, com o tempo, que não é possível sermos bons em tudo. Sem perceber, é comum sacrificarmos coisas que amamos para atingir alguns objetivos. E comigo não foi diferente. Wanda e as minhas filhas, desde pequenas, acompanharam de perto o meu trabalho e suportaram a minha ausência no dia a dia. Viam-me saindo de madrugada para mudar os preços das bombas de combustível; compartilharam toda a angústia, a dedicação e a preocupação com a criação da Zema Petróleo; viram as marcas de todo esse comprometimento surgirem, repentina e literalmente, em minha pele, quando, em 1997, uma doença chamada psoríase apresentou os primeiros sintomas.

> *"Eu não tenho tantas lembranças da minha infância com ele. Quando eu era pequena, eu era bastante ativa, muito conversadeira e tinha muito ciúme da Daiana. Eu lembro dele realmente muito bravo, mas eu não deixava por menos.*
>
> *Na nossa infância, o meu pai foi muito ausente por causa da Zema. Nos finais de semana, nós 'viajávamos' com ele para o posto de combustível para pegar o caixa ou íamos para o escritório dele e ficávamos brincando na 'salinha'. Muitas vezes, ele estava em casa e precisava sair correndo para acudir um posto. Às vezes, estávamos fazendo algo juntos, como comendo uma pizza, por exemplo, e ele precisava sair para resolver algum problema no posto.*
>
> *A gente cresceu com essa rotina e, mais ou menos até os meus 12 anos, é a memória que eu tenho. Ele estava sempre muito presente na Zema, e só quando sobrava algum tempo ele ficava brincando com a gente.*
>
> *Na minha adolescência, eu continuei bastante desafiadora. Foi uma fase bem intensa. Na verdade, tenho um*

perfil bem parecido com o dele e, consequentemente, a gente se chocava bastante.

Ele continuava muito dedicado à Zema e à fazenda. Não tinha tempo para a gente passear, viajar. Na verdade, o meu pai nunca gostou de viajar, sair, passear. Mas ele sempre foi muito protetor. O instinto de proteção dele era muito aflorado. Na minha adolescência, isso ficou ainda mais presente. Hoje, eu entendo que ele tinha toda a razão. Em todas as nossas brigas, a errada era eu. Mas a gente só entende isso com a idade", conta Flávia.

Flávia e Daiana são, ao mesmo tempo, muito diferentes entre si e muito parecidas comigo. Enquanto a Flávia é a minha cópia em termos de firmeza, seriedade e rigidez, a Daiana herdou a minha paixão pela fazenda, a minha timidez e um pouco daquele medo que tomou conta de mim até o início da adolescência. Olho para as duas e, diante de tamanha disparidade, me identifico em cada característica delas. Cada uma, com o seu jeito, trouxe para mim e para a Wanda lições que só podemos aprender quando assumimos a posição de pai ou mãe. Se, de um lado, aprendíamos a lidar com o gênio forte da Flávia, de outro, precisávamos cuidar da fragilidade e da timidez da Daiana. Ficamos acostumados a entender gostos e pensamentos completamente diferentes.

"A principal lembrança que eu tenho do meu pai é ele trabalhar muito. Quando éramos pequenas, ele realmente não tinha muito tempo para a gente. Nós ficávamos muito mais com a minha mãe. E ele também era muito bravo. Eu morria de medo e não conseguia falar olhando nos olhos dele. Quando ele falava comigo, eu chorava.

Quando eu tinha cerca de 10 anos, lembro muito bem de ver o meu pai sair de casa para ir aos postos trocar os preços dos combustíveis. Ele assistia ao telejornal da

Globo esperando o anúncio do reajuste. Se tivesse mudança de preço, ele tinha que correr para os postos para mudar os valores nas bombas. Um dia, não sei se era um domingo, a gente precisou ir para Pratinha, uma cidade pequena na qual tinha um posto Zema. Fomos todos juntos na caminhonete!

Eu e a Flávia dormimos no banco enquanto meu pai fazia o serviço nos postos da região. Quando chegamos aqui em Araxá, ele passou pelos postos daqui também e a gente foi para casa. Passamos a noite toda no carro, acompanhando o meu pai. Hoje, ele tem pessoas para ajudá-lo, mas, naquela época, não tinha. Era só ele. Por isso, ele não acompanhou de perto o nosso crescimento. Era tudo responsabilidade dele na Zema.

Na época, nós não entendíamos direito por que o meu pai trabalhava tanto. Foi uma vida sofrida! Hoje, sabemos que todo o esforço dele foi para o nosso bem. Graças a Deus, hoje podemos aproveitar a presença dele conosco. Eu o abraço, falo que o amo todos os dias! E ele sempre pergunta: 'O que você quer?'. E eu respondo: 'Não quero nada. Só quero mesmo falar que te amo!'.

Admiro tudo no meu pai! Mas acho que as características principais são a persistência e a força de vontade que ele tem. Para ele, 'se eu quero, eu vou conseguir'.

Ele sempre teve medo de a gente passar alguma dificuldade. Então, ele trabalhou por isso e nunca, nunca mesmo, por mais que tenha sido ausente na nossa criação, ele nos deixou faltar nada. Não tenho nenhum sentimento ruim. Até as nossas brigas foram coisa de pai e filha e passaram!", lembra Daiana.

As diferenças entre elas ficaram ainda mais marcantes quando começaram a entrar na adolescência. Comprei a nossa primeira chácara em 1996, e íamos para lá quase todos os finais de semana. Era uma oportunidade de estar junto com as meninas e com a Wanda. Também era uma forma de retornar ao passado e reviver lembranças dos meus pais e dos meus irmãos. Daiana, com cerca de 11 anos na época, adorava! Já a Flávia era o contrário. Para ela, ir para a chácara era um verdadeiro sacrifício.

Em 2000, um amigo, que conhecia a minha paixão por fazendas, me levou a umas terras que estavam à venda nas proximidades de Araxá. Fui conhecer meio a contragosto! Na verdade, eu estava querendo me desfazer da chácara, porque cuidar das terras também demandava tempo, algo que, para mim, naquele momento, era bem escasso!

Chegando lá, me encantei com o que vi. Era tudo perfeito! Lembrei da fazenda do meu pai, das lavouras e das criações, da minha infância. Era como se eu estivesse revivendo aqueles momentos que nunca quis esquecer. Não tive dúvida. Queria aquelas terras para mim. Eu poderia reconstruir a fazenda do meu pai, ter gado leiteiro, ter plantações e construir uma casa grande para receber e reunir toda a família.

Fui embora encantado! Conversei com a Wanda e nos decidimos pela compra. Vendi a nossa chácara e comprei as novas terras. Daiana já estava com 15 anos e Flávia, com 17. Desde o início, a Wanda e a Daiana adoravam ir para lá e começaram a cuidar de tudo. Já a Flávia não queria mais nos acompanhar.

A situação apenas melhorou por conta do meu ingresso na faculdade. Os trabalhos em grupo, sempre que possível, eram feitos na fazenda. As meninas adoravam. Recebíamos os amigos e nos divertíamos após concluir as atividades. Aproveitávamos os encontros e terminávamos o dia com churrasco. Como eram todos mais novos, as meninas gostavam bastante dos meus colegas.

Por conta da rotina de trabalho, nunca fomos de viajar muito. Pelo contrário. Estávamos sempre nos arredores de Araxá. Um dos passeios de que todos gostavam era ir ao rancho da família

Zema. Inicialmente, o rancho foi construído para uso dos sócios da empresa. Posteriormente, ficou apenas para o Ricardo Zema e a família dele. Porém, como os filhos do Ricardo ficaram fora de Araxá por muitos anos para estudar, o rancho ficava desocupado.

Para cuidar da propriedade e fazer a manutenção necessária, e também para a comodidade dos funcionários, Ricardo autorizou os gerentes do Grupo a fazer reservas e utilizar o rancho nos finais de semana. Também era possível reservar para ficar lá com a família nas férias.

Por muito tempo, fiquei responsável pela organização das agendas. Quando nenhum outro gerente reservava, eu aproveitava para ir até lá com a família e fazer as manutenções corriqueiras. Nos finais de ano, também era comum passarmos alguns dias de férias por lá.

Era uma oportunidade de estarmos todos reunidos: minha esposa, minhas filhas, minha mãe, sogro, irmãos, cunhadas e cunhados, sobrinhos e amigos. Passamos bons momentos no rancho dos Zema, como costumávamos chamar o lugar. Anos depois, reformamos o local e os filhos do Ricardo voltaram a utilizá-lo. Hoje, o rancho é usado pelos filhos e netos do Ricardo Zema.

> **Cada uma, com o seu jeito, trouxe para mim e para a Wanda lições que só podemos aprender quando assumimos a posição de pai ou mãe.**

Em 2001, quando eu concluí o último ano da faculdade, a Flávia estava terminando o ensino médio. Para mim, era uma dupla conquista. Eu graduado e minha filha já com o diploma do ensino médio! Queria agora que ela ingressasse na faculdade! Mas a Flávia era durona! Se eu falasse para ela seguir um caminho, ela certamente escolheria um diferente. E foi exatamente o que aconteceu.

Eu queria que ela estudasse Ciências Contábeis ou Administração. Mas ela prestou vestibular para Ciências Biológicas. Ela tinha quase 19 anos e eu queria que ela começasse a trabalhar. Eu precisava de uma pessoa na Zema Petróleo e quis levá-la comigo. Ela resistiu e não queria, de jeito nenhum, fazer parte do Grupo.

Algo no meio desse caminho iria fazer todas essas resistências acabarem. No final do ensino médio, Flávia tinha começado a namorar um garoto um pouco mais novo que ela, o Guilherme. Na época do vestibular, em 2001, ela estava com 18 anos e ele com 17. Em alguns finais de semana, Guilherme ia conosco para a fazenda.

> *"A única coisa de que eu tinha certeza na minha vida era que eu não queria trabalhar na Zema. Quando eu era adolescente, eu pensava: 'Não vou trabalhar na Zema; a Zema roubou meu pai de mim'.*
>
> *No último ano do ensino médio, comecei a pensar no vestibular e queria muito ir embora de Araxá. O meu objetivo era sair e morar em outra cidade. Uma amiga tinha ido embora para o exterior e deixado a casa pronta para eu ir morar com ela. Obviamente, eu pensei: 'Vou me preparar para isso!'.*
>
> *Terminei o curso básico de inglês, mas ainda não pensava em profissão. Não tinha nada em mente. O que eu tinha certeza era que eu não iria trabalhar na Zema.*
>
> *Quando eu estava terminando o ensino médio, eu conheci o Guilherme. A gente começou a namorar bem firme. Chegou o final do ano, e eu tinha que me decidir. Meu pai começou a me pressionar: 'Você precisa prestar vestibular. Vai fazer Contabilidade, Administração'. E eu falando: 'Não vou, não vou, não vou'.*

Decidi que iria estudar Ciências Biológicas. E brinquei: 'Está vendo? Eu vou fazer outra coisa; não faço Administração'. Prestei vestibular e passei.

Mesmo que eu tivesse escolhido outro curso, o meu pai falou: 'Você vai trabalhar na Zema. Você não é filha de gente rica. Você vai trabalhar lá sim'. Em dezembro de 2001, eu fui. Chorando, mas fui.

Eu pensava: 'Vai chegar o momento de eu fazer estágio e vou ter de mudar de empresa'. Mas, em 2003, quando eu estava no segundo ano, no quarto período – de oito – de Ciências Biológicas, eu engravidei", conta Flávia.

Certo dia, cheguei em casa do trabalho e, como de costume, fui direto para o quarto. Queria tomar um banho, pensar em algumas questões da Zema Petróleo e jantar com a família. Sentei na cama e estava tirando os sapatos quando a Wanda entrou no quarto, fechou a porta e sentou ao meu lado. Ela passou a mão na minha cabeça, perguntou se eu estava bem e como tinha sido o meu dia. Imediatamente, algo me soou estranho. Wanda sempre foi uma esposa carinhosa e preocupada, mas aquele comportamento não era comum. Olhei para ela já com certa desconfiança.

"Foi tudo bem! Mas o que aconteceu? Por que está me perguntando isso?", respondi.

Wanda olhou bem nos meus olhos e senti, naquele momento, que algo não estava bem. Ela queria me dar alguma notícia que, certamente, eu não estava esperando.

"Tenho que te falar uma coisa", disse Wanda.

"O que aconteceu?", perguntei.

E, sem rodeios, com os olhos emocionados, ela me disse:

"A Flávia está grávida".

Foi um choque. Eu esperava qualquer notícia, menos aquela. A Flávia ainda estava estudando, e a possibilidade de gravidez naquele momento jamais havia passado pela minha cabeça. Uma mistura de sentimentos tomou conta de mim e fiquei chorando inconsolavelmente por mais de três horas. Foi como se, de repente, eu tivesse despertado e estivesse vendo um mundo que ainda não conhecia. Somente naquele momento tive a percepção de que a minha filha não era mais uma menina. A Flávia namorava o Guilherme, mas eu acreditava que tudo seguiria um ciclo previsível. As minhas filhas iriam namorar, noivar, casar e depois me dar netos. Eu nunca tinha imaginado que ela pudesse engravidar tão cedo. Na minha cabeça, isso só aconteceria depois do casamento – de véu e grinalda!

Não desci para jantar e passei a noite trancado no quarto. No dia seguinte, acordei ainda mais assustado. A Flávia teria um bebê! Eu ia ser vovô?!

Saí de casa cedo e fui ao consultório do Dr. Jadir, o médico da nossa família e conselheiro em momentos difíceis. Cheguei com o coração na mão e contei o que estava acontecendo. Para a minha surpresa, ele respondeu: "Ah, mas você é sortudo demais! Eu tenho duas filhas lá em casa e nenhuma me arruma um neto. E você, com a sua filha grávida, vem aqui reclamar que vai ser avô? Levante as mãos para o céu e agradeça a Deus!".

As palavras do Dr. Jadir me surpreenderam. Ele mudou o meu ponto de vista e abriu os meus olhos para um novo horizonte. Foi como se eu estivesse no meio de uma escuridão, e, de repente, me virasse para outra direção e enxergasse um sol lindo, radiante, bem na minha frente. A angústia, o medo e a insegurança ainda predominavam. Mas, no fundo, eu já começava a ver a situação de uma perspectiva bem diferente.

> *"Nós temos uma relação de mais de 35 anos. Eu presto serviço para o Grupo Zema desde 1982. Eu era pediatra e médico do trabalho e atendia os funcionários e os familiares deles. Conheci o Cézar no ambulatório que nós tínhamos e passei a cuidar dos bebês dele também. Foi um relacionamento muito longo.*

Dr. Jadir e Flávia

Quando as meninas eram pequenas, elas adoeciam muito, principalmente a Daiana, que sempre teve algum probleminha respiratório. Como o Cézar viajava bastante, a Wanda ficava sozinha e me ligava sempre que as meninas adoeciam. Quando não me ligava, ela as levava direto ao consultório. Com o tempo, a Wanda foi ganhando mais segurança, a preocupação passou e a gente ficou muito amigo.

O Cézar era realmente como família para mim. Quando eu ia para a fazenda, às vezes eu abria a porta de casa e o Cézar já estava lá me esperando. Foi assim por uns catorze ou quinze anos.

Quando a Flávia ficou grávida, lembro que ele ficou meio desorientado. Eu o acalmei e falei para ele que era normal, que tudo tem um lado positivo e que essa criança poderia mudar a vida dele! E mudou mesmo!

Como o Cézar é uma pessoa muito correta, ele ficou com aquele receio do que todo mundo ia pensar. Eu falei para ele não se preocupar e que, depois, ele ia ficar babando pelo neto ou pela neta. O que importava era cuidar dela!", relembra Dr. Jadir.

Situações como essa acontecem o tempo todo em nossas vidas. Muitas vezes, nos deparamos com problemas e situações que podem parecer sem solução. Mas sempre há uma perspectiva diferente, uma forma mais ampla e mais completa de avaliar um problema ou uma situação. Precisamos apenas de calma e sabedoria para avançar e ampliar a nossa perspectiva.

A Wanda não falou para a Flávia que eu já sabia que ela estava grávida. Pelo contrário. Eu deveria receber a notícia pela própria Flávia. A responsabilidade era dela e ela precisava assumir as consequências pelos seus atos. Wanda forçou a Flávia a me contar.

Poucos dias após eu ter recebido a noticia da Wanda, a Flávia agendou uma reunião comigo na Zema Petróleo. Estava marcada como reunião de trabalho, e eu fiz de conta que realmente não sabia de nada. Ela precisava aprender com as consequências das suas ações. Contar sobre a gravidez era somente a primeira fase do processo.

"Foi muito difícil contar para ele que eu estava grávida. Eu pensava: 'Nossa, minha vida acabou. Meu pai vai me matar'. Ele sempre foi muito bravo, muito rígido, mas muito correto. Eu contei para a Daiana e para minha mãe e falei: 'Contem vocês para ele'. Mas elas não toparam!

Conversei com uma pessoa que trabalhava comigo na Zema, e ela me ajudou bastante na época. Eu me perguntava o tempo todo: 'Como vou contar para ele?' Até eu contar para o meu pai, eu passei muito mal. Além dos enjoos, sentia uma angústia terrível.

Mas eu tinha que enfrentar! Cheguei na sala dele na hora do almoço e disse: 'Pai, estou grávida'. Ele não falou nada. Abaixou a cabeça, chorou um pouco e ficou um clima muito ruim por alguns dias. Realmente, ele precisou de um tempo para digerir a informação e 'a ficha cair'. Eu também, afinal, para mim, não estava sendo fácil.

Logo em seguida, lembro de a gente começar a gostar da ideia. Ele marcou um lanche na Zema – na véspera do meu aniversário –, pagou um pão de queijo para todo mundo e contou para toda a empresa. Ele disse: 'Tenho uma notícia maravilhosa para todos vocês: vou ser vovô!'

Algumas pessoas já sabiam, outras não. Mas, como ele mesmo contou, quebrou aquele negócio de 'a filha do Cézar ser mãe solteira'.

A partir daquele momento, ele começou a curtir mais a minha gravidez, a me apoiar mais. Eu passei muito mal e estava em choque tanto com a gravidez quanto com o fato de eu não querer trabalhar na Zema. Tudo isso passava pela minha cabeça. 'Poxa, agora não tem mais o que fazer. Eu preciso continuar aqui, querendo ou não. Eu preciso trabalhar'.

Teve um dia em que eu levantei – eu sempre ia trabalhar de carona com ele – e tinha de ir tomar uma vacina. Eu estava passando muito mal e não queria ir. Fui chorando no carro. E ele me falou: 'Flávia, Deus dá cruz para quem sabe carregar. Então, não se preocupe não. Vai dar tudo certo!'. A partir desse dia, tudo mudou para mim. Essa frase nunca mais saiu da minha cabeça.

Eu me apoiei muito nele a partir daquele momento. Foi essencial para mim e, com isso, a nossa relação mudou muito. Nós ficamos muito mais próximos', conta Flávia.

Passado o susto com a notícia, chegou a hora de eu começar a curtir uma das fases mais gostosas da vida: ser avô! Sempre quis a casa cheia e, mesmo que precipitadamente, os netos estavam chegando. Como não gosto de deixar nada para o dia seguinte, mudei o meu projeto de vida novamente. Eu precisava de uma casa maior!

O apartamento no qual morávamos era excelente para mim, a Wanda e as meninas. Mas agora, com uma criança, eu precisaria de uma casa com quintal e mais espaço! Comecei a procurar um terreno e a elaborar o projeto da nossa nova casa, onde moramos até hoje.

Eu também precisava conversar com o Guilherme e a família dele. No final de semana seguinte, fomos todos, mais uma vez, para o rancho dos Zema. Naquele sábado, tivemos a nossa primeira conversa sobre o tema.

Lembro que era um dia nublado e os dois estavam sentados no deque com vista para o lago. Cheguei perto, sentei ao lado deles e conversamos. A primeira ideia que vem à cabeça em uma situação como essa é a de um casamento obrigatório. Cheguei a pensar nessa hipótese e a comentar com eles, mas, assim como tinha passado a ver um outro lado do problema depois da conversa com o Dr.

Jadir, comecei a repensar se aquela seria a melhor solução. Os pais do Guilherme queriam que os dois se casassem, achavam que era obrigação deles. Mas eu já não estava certo disso. Os dois eram muito novos, e talvez não devêssemos tentar remediar um erro com outro erro. Conversamos e os deixei sozinhos novamente.

> *"Eu lembro de a gente estar sentado no deque, próximo ao rio: eu, o Guilherme e ele. Meu pai comentou sobre a possibilidade de casamento, pois achava que mãe solteira sofria muito. Ele disse que daria todo o suporte, que a gente poderia casar e ficar morando com ele. Ele deu a sugestão, mas deixou a gente resolver. Ele não colocou como uma questão obrigatória, mas me senti pressionada por ele.*
> *Depois daquela dia, eu e o Guilherme conversamos bastante e decidimos que não estava na hora. Eu não me via casada naquele momento. A gente não sabia o que estava por vir. Meu instinto, naquela hora, foi muito forte, e falei: 'Não. Não vou fazer isso. Vou seguir meu caminho'.*
> *Meu pai compreendeu e não insistiu. Ele não comentou mais nada sobre isso, e acho que foi a decisão mais certa que a gente tomou naquela época"*, conta Flávia.

De fato, eles não poderiam se casar naquele momento. Eram dois jovens sem condições de sustentar uma casa e um filho. Para mim, o casamento também não seria a melhor solução. E se tivesse sido apenas uma aventura? Iriam casar e se separar em pouquíssimo tempo! Então, para mim, já estava decidido: não teria casamento – pelo menos por enquanto! Eles poderiam continuar namorando, a Flávia teria o filhinho dela e se, lá na frente, eles de fato resolvessem que era isso que queriam para o futuro, aí sim, teríamos um casamento! E foi o que aconteceu...

Os pais do Guilherme, Luiz e Sofia,
Guilherme e Flávia (ao centro), eu e Wanda,
no dia do casamento da nossa filha

"O meu primeiro contato com o Cézar foi, no mínimo, engraçado. Eu, ainda muito moleque (17 anos), começando o namoro com a Flávia, conhecia pouco ela, a origem, a família. Enfim, chegou o dia de conhecer o Cézar. Nós íamos para a fazenda.

Na noite anterior, eu dormi na casa de um amigo. Coincidentemente, o trajeto para ir para a fazenda passava na rua de cima da casa desse amigo meu. Eu acordei de manhã e subi a rua para chegar ao ponto de encontro. Aí chegou a turma toda em uma D-20. O Cézar dirigindo. E eu na esquina, de gorro, blusão, chinelo de dedo e bermudão. Eu não me preparei para conhecer o pai da Flávia. Fui eu mesmo. Ele me cumprimentou, abriu a caçamba da caminhote e falou: 'Pode subir'. Eu subi sem olhar para ele. Ele entrou na camionete, bateu a porta e falou: 'Vamos embora para a fazenda'.

Esse foi o meu primeiro contato com o futuro sogro! Não foi de muita conversa. E eu não esperava nada diferente. Na época, quem não tinha muito medo do Cézar tinha um respeito que quase se tornava um medo. O próprio semblante dele dizia muito para quem não o conhecia. Ninguém se atrevia a chegar muito perto, não. Ele tinha um semblante muito bravo.

E é muito engraçado! Hoje, ele é uma pessoa totalmente diferente, que conversa, que brinca no corredor, de quem todo mundo gosta. Eu, particularmente, sempre que posso, adoro conversar com ele.

Eu acho que, ao viver ao lado do Cézar por um dia, a gente evolui fácil um ano. É uma bagagem enorme. Sem dúvida nenhuma, ele é um conselheiro fantástico. Ele mesmo brinca – e às vezes eu brinco com algumas pessoas também – que ele é o psicólogo da turma. Pela bagagem, pela história, por tudo o que passou, é um cara que, sem dúvida, eu sempre admirei. Primeiro pelo fato de ser o pai da minha esposa. Se não fosse ele, eu não a teria. A admiração já começa por aí. E depois por ser uma pessoa que construiu tudo o que construiu, fez tudo o que fez.

A gravidez da Flávia foi um susto para mim e para ela. Tínhamos apenas 18 e 19, respectivamente. Para ser sincero, eu não teria coragem de ser a pessoa a dar a notícia ao Cézar. Ainda mais porque, logo após ele receber a notícia, nós passaríamos um final de semana no rancho dos Zema.

Eu lembro que lá tinha um tablado que ia para dentro do rio. Eu e a Flávia estávamos lá nesse dia, no final da tarde. Nós estávamos conversando: 'E agora? Como vai ser? E seu pai até agora não veio falar nada. Será que ele vem? Será que não? Que horas vai ser isso?'. Aí ela falou: 'Ele está vindo'.

O pé esfriou, a boca secou, as mãos fecharam. Eu lembro que eu nem tive coragem de olhar para trás e vê-lo chegando. Eu só olhava o horizonte, o rio grande. Aí ele sentou para conversar com a gente. Eu não lembro bem o teor da conversa, mas ele me perguntou: 'E agora? O que vocês estão pensando da vida? Vocês acham que vai ser fácil?' E quis ouvir um pouco da gente.

Aquele talvez tenha sido o dia que mudou a vida dele e a minha. Daquele dia em diante, a gente tinha que criar um vínculo de amizade, de família. Eu era o pai do neto (ou da neta) que estava por vir. Hoje, são vários anos de uma boa convivência. Já são mais de quinze anos de convivência com o Cézar', conta Guilherme.

ENSINAMENTO 10
OLHE AS SITUAÇÕES POR DIFERENTES PERSPECTIVAS

Muitas vezes, enfrentamos dificuldades que parecem não ter solução. Conceitos que carregamos por toda a vida são colocados em xeque, e podemos pensar que não haverá uma saída. Mas sempre se pode olhar a situação de um ponto de vista diferente, de outro ângulo, e descobrir um horizonte muito mais bonito e promissor.

Lembre-se de que nossos conceitos não são imutáveis. Podemos melhorar sempre. Podemos aprender a valorizar os pequenos detalhes. Podemos sempre avaliar um cenário sob uma perspectiva mais profunda e mais completa.

Assim, conseguimos aprender e crescer para nos tornar pessoas melhores.

CAPÍTULO 11

A FORMAÇÃO DE UMA EQUIPE

Enquanto tudo isso acontecia em casa, a Zema Petróleo ia de vento em popa. Foi nessa época que eu trouxe para trabalhar conosco um profissional que eu já conhecia havia muitos anos e que depois se tornou um grande amigo e parceiro: José Lourenço Mayol.

Conheci o Mayol bem antes de iniciar as operações da Zema Petróleo. Ele trabalhava na Atlantic, uma das fornecedoras dos nossos postos. Mas o nosso relacionamento com a empresa, posteriormente adquirida pela Ipiranga, não era muito bom. A situação começou a mudar somente quando Mayol tornou-se a interface entre a Atlantic e os postos Zema.

Acompanhei de perto o empenho e a dedicação dele em mudar a imagem que nós tínhamos da Atlantic. Ele realmente fez um trabalho muito bonito e se mostrou um excelente profissional. Quando abrirmos a Zema Petróleo, logo pensei: "Preciso de um profissional com o conhecimento do Mayol para a nossa equipe". Comentei com ele que, quando ele se aposentasse, gostaria de trazê-lo para o nosso time. E ele aceitou!

Em 2002, Mayol, aos 55 anos, se aposentou pela Atlantic, e eu o convidei para integrar a nossa equipe. Ele já tinha um relacionamento conosco e veio

> **A nossa relação sempre foi baseada, acima de tudo, em respeito. Eu não sou igual ao Cézar e ele não é igual a mim, mas a gente sempre conviveu com respeito.**

para a Zema Petróleo para fazer um excelente trabalho. Ao longo dos anos, Mayol tornou-se quase um conselheiro. Muitas decisões que tomei tinham sido compartilhadas com ele previamente.

Mayol trabalhou a vida toda em uma distribuidora de petróleo, uma *expertise* única que me ajudou muito em diferentes momentos. A troca de ideias e a consulta a profissionais mais experientes e especializados são essenciais para identificarmos as melhores estratégias. E o Mayol sempre me ajudou muito. Além disso, também se transformou em um grande amigo.

"Eu conheci o Cézar pessoalmente em 1987. Foi o ano em que eu fui transferido pela Atlantic Petróleo, da qual eu era funcionário, para Uberlândia. O Cézar era um dos clientes da Atlantic aqui no Triângulo Mineiro.

A partir daquele momento, a minha referência em Araxá – que até então era o Barreiro – passou a se chamar Cézar Chaves. É até difícil citar o momento mais importante da nossa convivência. A maior parte dos momentos que vivemos juntos foi importante, principalmente para mim.

A nossa relação sempre foi baseada, acima de tudo, em respeito. Eu não sou igual ao Cézar e ele não é igual a mim, mas a gente sempre conviveu com respeito.

Um fato marcante foi exatamente o início da nossa convivência. A Atlantic era marcada no Grupo Zema por uma *história muito ruim, da qual o Ricardo Zema tinha participado ativamente. Todos os assessores que chegavam a Araxá eram apresentados ao Ricardo Zema pelo Cézar e ele nos contava essa história.*

Quando saímos da entrevista, eu disse: 'Olha, Cézar, eu não tenho toda a vivência que o Sr. Ricardo tem, mas eu vou tentar mudar essa história'.

Eu trabalhei na Atlantic por vinte anos e, ao menos por dezesseis deles, me dediquei a mudar essa imagem. Consegui, me aposentei pela Ipiranga (que tinha comprado a Atlantic) e, depois, fui trabalhar com o Cézar.

A nossa história continuou, mas de uma outra forma: ele como empregador e eu como empregado. Mas, ao contrário do que poderia parecer, a mudança foi a mais fácil do mundo. Ele foi o chefe mais fácil que eu tive. Na verdade, ele nunca foi "meu chefe". Ele era meu amigo e meu líder. Todo o sucesso que a Zema Petróleo tem hoje deve-se ao Cézar e a muitos dos funcionários que o ajudaram na trajetória.

Nesse período, muita coisa aconteceu. Foram situações alegres, bem vividas, importantes. Alguns momentos foram ruins, mas tão poucos que eu nem me lembro mais", conta Mayol.

O time estava crescendo e, na mesma época, também chegou na Zema Petróleo uma outra profissional que ficaria conosco por muito tempo e me ajudaria muito: Michelle Santos.

Michelle foi contratada para trabalhar na tesouraria da Zema Petróleo e, desde muito cedo, mostrou-se uma pessoa altamente determinada. Acredito que ela tem um estilo de trabalho muito parecido com o meu jeito de ser. Eu sempre quis surpreender os meus superiores e nunca gostei de atrasos ou de não entregar algo com que eu tivesse me comprometido. Michelle também era assim. Desde o início, o que me chamou a atenção na Michelle foi a eficiência dela, sempre com uma disposição gigante para fazer tudo acontecer. No início, ela também chorava muito, mas nada que atrapalhasse o seu profissionalismo e a sua competência.

> *"Conheci o Cézar muito antes de eu pensar em trabalho ou em carreira. Tive muito contato com as filhas dele na época da escola e todos diziam que ele era muito bravo!*
>
> *Eu, Daiana e Flávia jogávamos bola juntas! No handebol, tínhamos um time que até viajava para competir em outras cidades. Antes das viagens, no entanto, passávamos sempre por um grande estresse.*
>
> *Uma vez, precisávamos ir para Araguari participar de um campeonato. Ficamos sabendo que a Flávia e Daiana não poderiam ir, pois o Cézar não tinha deixado. Eu não o conhecia pessoalmente, mas pediram para eu ligar para ele e dizer que também iria com o time. Conversamos por telefone e ele autorizou. Mas tivemos um problema na volta e iríamos nos atrasar. Jesus amado! Eu precisei ligar para ele novamente e comunicar o nosso atraso! Ficamos com muito medo de como o Cézar poderia reagir à notícia.*
>
> *Quando eu entrei no Grupo Zema, eu não sabia que o Cézar, pai da Flávia e da Daiana, trabalhava lá. Eu tinha 18 anos e fui contratada para cobrir a licença-maternidade de uma funcionária. Quem me contratou foi o Adilson. Entrei e, logo em seguida, comecei a trabalhar com o Cézar. Quando eu descobri que estávamos falando do pai da Flávia e da Daiana, eu pensei: 'Meu Deus! Meu chefe é um leão!'.*
>
> *Toda vez que eu precisava ir à sala dele, eu 'choramingava' e falava para ele não brigar comigo. Ele falava meu nome e eu entrava em desespero. Mas aprendi a trabalhar com o Cézar. Na verdade, o meu estilo de trabalho é muito parecido com o estilo Cézar de ser.*
>
> *Eu tenho muito a agradecer ao Cézar. Durante todo este tempo que eu trabalho no Grupo, sempre fui reconhecida*

pelo trabalho realizado. E o reconhecimento não é apenas financeiro. Trata-se da confiança depositada em tudo o que eu faço. Cresci, fui promovida e sempre digo que o Cézar tem grande responsabilidade sobre isso, afinal, ele diz que gosta de lapidar as pessoas!

Além de ser um grande líder, ele tem uma história de vida fantástica! É uma pessoa muito família que não deixou a carreira subir à cabeça. Hoje, ele é o presidente de um Grupo que fatura quase R$ 5 bilhões ao ano. E ele continua muito humilde, muito humano. Ele não é bonzinho, não, mas é justo!

Se eu tenho de agradecer a alguém, essa pessoa é o Cézar", conta Michelle.

Outro profissional que ingressou no Grupo em 2002 foi o Leceandro. Na verdade, a história do Leceandro no Grupo Zema é muito parecida com a minha. Ele começou na empresa em uma loja de conveniência de um dos nossos postos e, aos poucos, com muita competência e dedicação, foi conquistando mais e mais espaço. As nossas semelhanças vão além da vida profissional. Ele também foi criado na roça e fez faculdade depois dos 30 anos.

Leceandro foi contratado pelo Adilson e, em pouco tempo, tornou-se assessor de vendas na área comercial de Goiás. Posteriormente, quando um gerente nosso em Uberlândia desligou-se da empresa, nós o promovemos para a gerência daquela região. Ele ficou na mesma posição por cerca de quatro anos. Quando mudamos a gerência comercial da empresa, eu comecei a ver a necessidade de ter um diretor comercial.

Identificar um profissional para um cargo como esse não é tarefa fácil. É preciso observar muito mais que requisitos técnicos. Acredito que a postura e as atitudes mostram o comprometimento e a capacidade profissional de uma pessoa. Acredito que questões técnicas sempre podem ser desenvolvidas ou aprendidas. Mas o que leva o profissional adiante são os seus valores, a sua vontade, o seu empenho.

Eu e o Leceandro estávamos trabalhando na mesma mesa na Zema Petróleo e comecei a prestar muita atenção na sua postura, nas suas atitudes, no seu trabalho. Dia após dia, fui me certificando de que ele seria um excelente diretor comercial.

> "Eu comecei no Grupo em um posto em Ibiá, como gerente trainee de uma loja de conveniência. Um belo dia, chega o Cézar no posto e me convida para ir para a Zema Petróleo. Tinha surgido uma vaga na matriz. Na época, alguém comentou comigo que, quando surgiu a vaga, ele logo disse: 'Vamos trazer o Leceandro'.
>
> Fiquei uns seis meses na área administrativa da Zema Petróleo e eles (Cézar e Adilson) me fizeram uma nova proposta para ir para Uberlândia. Como eu sempre quis crescer na empresa, mais uma vez eu aceitei. Fiquei lá por um ano e meio, na área administrativa, na parte de faturamento, controle de estoque e logística.
>
> Um fato que me marcou muito foi quando ele me convidou para ser gerente administrativo da filial de Goiânia. Teve uma festa na fazenda dele, se não me engano de encerramento de um treinamento de gestão. Ele e o Adílson me contaram o que iria acontecer com a filial de Senador Canedo e me convidaram para assumir a gerência administrativa de lá.
>
> Eu, mais uma vez, aceitei com prontidão, sem nem consultar minha esposa. Seria uma mudança de Uberlândia para Goiânia e envolveria uma responsabilidade maior. Pensei: 'Poxa, que bacana isso. Eu devo estar conseguindo contribuir com o que ele sempre defendeu'. E fui.
>
> Lá em Goiânia, passei por momentos muito difíceis. Tivemos vários problemas com uma parceria e eu estava

na linha de frente dessa guerra. Fomos descobrindo um monte de coisas e eu sempre conversando com o Cézar e com o Adilson. O Cézar sempre estava muito calmo, mas queria resolver o negócio sem criar um problema maior.

Eu me espelho muito nele nesse sentido. Ele sempre consegue passar para a gente tudo o que ele já viveu até hoje. E essa cultura que ele criou é uma cultura na qual eu me encaixei muito bem.

Fiquei em Goiânia por um período, na área administrativa, e depois assumi o cargo de assessor comercial. Depois surgiu uma vaga em Uberlândia para a gerência comercial. Foram quatro anos de desafios enormes, pois a filial não caminhava bem. Então, com a saída do gerente geral de vendas, vem o Cézar de novo me convidar para assumir uma diretoria comercial recém-criada na empresa. Eu tomei um susto, porque não esperava!

Mais uma vez, o Cézar viu alguma coisa em mim. Ele tinha uma confiança em mim que, dessa vez, realmente pesou muito. Poxa, assumir a diretoria comercial de uma empresa daquele tamanho não é fácil. Mas ele, como sempre, falou: 'Você vai ficar lá junto comigo e eu vou te ajudar no que for possível, em tudo o que você precisar. Não precisa se preocupar quanto a isso'.

Nós ficávamos muito juntos mesmo. Ficamos na mesma mesa: Cézar, eu, Samuel e Rafael. O Adilson já estava na Eletro. Então, aquele período foi de muito aprendizado. Eu estava em frente ao meu espelho o tempo todo.

Eu pude conhecer um pouco da área administrativa, da parte de que o Samuel tomava conta, do financeiro e da contabilidade, e pude conhecer mais ainda da operação, que estava com o Rafael. Além disso, sempre observava o Cézar e identificava como ele geria o negócio.

O Cézar foi o maior professor que eu tive nesta empresa, tanto na questão de postura, condução, forma de liderar, quanto na maneira de cobrar. O Cézar sempre acreditou muito nas pessoas. Eu sou suspeito de falar isso, porque tudo o que ele fez por mim foi porque ele realmente acreditava no meu potencial. Se não, não teria feito", conta Leceandro.

ENSINAMENTO 11
SAIBA TRABALHAR EM EQUIPE

Nenhum profissional é dono da verdade ou sabe de tudo. Nenhuma empresa é construída e se mantém no mercado sozinha. As empresas são feitas por pessoas, e saber trabalhar em grupo é essencial para a formação de um time de sucesso.

Para a tomada de decisões, muitas vezes é preciso consultar outras pessoas e profissionais mais experientes. Não podemos sentir medo nem vergonha de pedir opiniões ou de questionar sobre o melhor caminho a seguir.

Com diferentes visões, algumas mais inovadoras e outras mais conservadoras, podemos chegar às melhores estratégias, evitando repetir erros cometidos no passado e, consequentemente, avançando mais rápido e de maneira mais firme.

CAPÍTULO 12

OS CUIDADOS COM A SAÚDE E A CHEGADA DA PRIMEIRA NETA

Mesmo com uma equipe altamente qualificada e comprometida ao meu lado, o volume de trabalho estava grande. Somavam-se a isso o término da faculdade, a gravidez da Flávia, a sobrecarga de funções corporativas e a minha extrema dedicação para que tudo caminhasse bem e superasse as minhas próprias expectativas. Obviamente, o contexto começou a impactar a minha saúde.

Wanda, como sempre muito observadora e preocupada, percebeu logo que eu precisava cuidar um pouco mais de mim. Com a rotina tumultuada, a preocupação em deixar a casa em ordem para a chegada da nossa neta e as responsabilidades no trabalho, comecei a demonstrar sinais de estresse e cansaço.

Muitas pessoas queridas também estavam atentas a esses sintomas e ficaram preocupadas. Adilson, que estava comigo diariamente na Zema Petróleo, foi um grande amigo e uma das pessoas que perceberam nitidamente que eu precisava de ajuda. Ajuda não para me incentivar a buscar novos negócios, crescimento etc., mas para conseguir olhar para mim mesmo.

Sem saúde, não vamos a lugar nenhum. Não conseguimos construir nada. Não conseguimos

> **Sem saúde, não vamos a lugar nenhum. Não conseguimos construir nada.**

incentivar nem ensinar a nossa equipe. Não conseguimos aproveitar nem vivenciar bons momentos com a nossa família.

Se dependesse única e exclusivamente de mim, eu teria continuado mergulhado nas minhas inúmeras demandas diárias e incluiria, a cada dia, mais compromissos e obrigações na lista. Nunca tive *hobbies* ou outras atividades além do trabalho e da família. Digo sempre que o meu passatempo é "trabalhar" na fazenda. Exercício físico também não fazia parte da minha rotina. Até o início de 2003.

Um belo dia, Wanda me "empurrou" para uma academia. Como eu nunca fui uma pessoa ligada em atividade física e exercícios, ela fez tudo sozinha. Procurou o local, conversou com a equipe e com um *personal trainer* e agendou um horário para mim.

Então ela chegou em casa e disse: "Fui até a academia e tem um *personal* que vai te atender às 21h30".

Eu respondi: "Não vou".

Mas a Wanda insistiu: "Você vai, sim!".

Muito contrariado, lá fui eu. Cheguei e conversei com o *personal* na hora marcada. O primeiro dia foi apenas de conversa. Ele quis saber um pouco sobre a minha rotina, o meu histórico pessoal e familiar e os meus horários. Eu disse que teria disponibilidade apenas às 20h, mas isso não foi um problema. Ele pediu para eu voltar no dia seguinte, às 20h, que um jovem professor, o Teo, iria me atender. Depois, acabamos mudando o horário para 6h da manhã.

Ainda que contrariado – e até descrente da real necessidade de dedicar algumas das poucas horas que eu tinha para a academia –, no dia seguinte, lá estava eu. Quando cheguei, encontrei o jovem

Teo e logo pensei: "Este molecote vai me treinar? Entrei em uma enrascada! Ele não deve saber de nada".

Eu nem imaginava que tinha acabado de conhecer uma pessoa que influenciaria demais a minha vida. Começamos o treino naquela noite, e a nossa parceria durou mais de onze anos. Teo foi meu *personal trainer* até 2014.

Sempre digo que o Teo é "enjoado" demais. Mas foi graças ao jeito dele que aprendi a ser disciplinado na academia. Talvez, se eu tivesse começado com outro profissional, tivesse desistido logo. Claro que não foi um caminho de flores. Eu e o Teo sempre nos enfrentamos muito. Sempre nos desentendíamos. Ele era durão, e eu também. Para ser bem sincero, acho que temos uma personalidade muito semelhante. Ele falava para eu fazer de um jeito e eu queria fazer de outro. Em alguns dias, os treinos eram verdadeiras "guerras". Sempre falei muito abertamente com ele e a recíproca era verdadeira.

O meu único objetivo com a academia era cuidar da saúde. Com histórico de doenças do coração na família, queria manter o meu sistema cardiovascular bom. Em 2014, pouco tempo depois de ter interrompido os treinos com o Teo, fui fazer um exame periódico anual. E tive uma grande surpresa. Quando o médico recebeu os exames, logo disse: "Você precisa colocar um *stent*". Trata-se de uma espécie de prótese em formato de tubo que é colocada no interior da artéria para evitar uma possível obstrução.

Logicamente, eu me assustei: "Como assim, doutor? Eu faço academia há mais de uma década, não como muita carne vermelha, não fumo, não bebo…".

E a resposta do doutor foi: "Excelente! Se você não fizesse tudo isso, talvez você não estivesse mais aqui".

Tenho certeza de que a academia ajudou a me manter vivo. E o Teo foi a pessoa que conseguiu isso e me obrigou a manter a disciplina. Com ele, aprendi não apenas a ter postura e os benefícios do exercício físico, aprendi também a conviver com alguém muito parecido comigo. Aprendi a aceitar e me dedicar a algo de que eu, genuinamente, não gostava. E, obviamente, construí uma grande amizade.

"No princípio, o Cézar era um cliente, um aluno. Mas o tempo foi nos mostrando uma afinidade tão grande que a gente passou a ser amigo. E aprendi muito com ele. Aprendi ainda mais os valores da vida nos exemplos de honestidade, responsabilidade e dedicação que ele transparecia. Às vezes, o Cézar falava assim: 'Teo, eu vou atrasar cinco minutos'. Eram cinco minutos cravados. Ele chegava e eu perguntava: 'Por que você me ligou? Cinco minutos não é atraso'. Ele falava: 'Mas eu não gosto de me atrasar; eu gosto de chegar na hora certa. Eu gosto de cumprir com meus deveres e, ao mesmo tempo, respeitar quem está me esperando'. Ele me fez dar mais valor para isso. Era um comprometimento não só com o profissional, mas também com a pessoa, com o ser humano que estava ali.

Muitas vezes, a gente saía para ir ao Grande Hotel Barreiro caminhar, variar o ritmo dos treinos, conversar, espairecer, sair daquela rotina, do ambiente pesado e maçante de academia. E sempre foi muito prazeroso.

O Cézar foi o meu primeiro aluno. No início, treinávamos à noite e, depois, passei a atender o Cézar às seis horas da manhã. Ele nunca tinha feito atividade física na vida. A única coisa que ele tinha feito de atividade física, antes de treinar comigo, foi quando serviu o Tiro de Guerra.

Como era iniciante, existe um período de adaptação muscular. E o que mais me impressionava era a evolução dele em relação à sobrecarga de treinamento. A força foi melhorando, o desempenho muscular também. Uma das variações de treinamento que fazíamos era o treino em circuito, que consistia em executar uma sequência de aparelhos sem intervalo de descanso. Às vezes, naqueles momentos, eu até falava para ele: 'Se eu fosse te acompanhar, não aguentaria', tamanha a capacidade de resistência muscular que ele demonstrava.

Eu sempre cobrei muito desempenho e boa postura na execução dos exercícios. E ele absorveu tudo isso muito bem. Um dia ele me disse: 'Teo, eu não estou andando com o peito muito pra frente, não?'. 'Por quê?', perguntei. 'Estou com medo de estar forçando muito e o pessoal achar que eu quero aparecer'. 'Não, pode ficar tranquilo! Uma boa postura, além de te preservar de dores musculares e na coluna, ainda te deixará mais elegante', eu respondi.

Outro ponto que eu acho fundamental, importantíssimo, é que, quando eu conheci o Cézar, ele já tinha um cargo importante dentro do Grupo Zema. Mas ele nunca mudou o seu jeito. Ele sempre foi humilde e verdadeiro. Ele nunca se achou melhor do que eu ou qualquer outra pessoa. Ele chegava na academia e cumprimentava todo mundo. Sempre amigo! Nunca demonstrou ar de superioridade nem desrespeitou ninguém.

Aquela expressão 'gentileza gera gentileza' é fantástica. Independentemente de a pessoa ser gentil com você, o que devemos expressar são nossos valores, pois com isso vivemos melhor em sociedade. Ele me ensinou muito com essas atitudes em nosso dia a dia.

Em 2015, eu decidi voltar para Patrocínio, onde eu já tinha morado. Nessa época, o Cézar tinha voltado a treinar comigo depois de ter ficado um período parado. E ele me deu mais um exemplo de amizade. Foi o único aluno que me ligou querendo se despedir de mim pessoalmente. Ele fez questão de ir à minha casa. Foi muito emocionante.

Ele agradeceu muito, disse que foi um prazer muito grande treinar comigo. Fez questão, inclusive, de me pagar um mês extra, de maneira estritamente profissional, simplesmente falando assim para mim: 'Eu vou te dar um mês a mais para dar tempo de você colocar alguém no meu lugar'. O gesto não me alegrou pelo valor material, mas pela amizade e pelo tamanho do coração dele. Ele não tinha obrigação nenhuma de me pagar um mês a mais. Mas o pensamento dele e a preocupação comigo iam além daquele momento. Por isso minha admiração por ele só aumentava.

Outro ponto fundamental na nossa relação era o fator espiritual. Não religioso, pois religião é muito pessoal e cada um tem sua escolha, mas a direção de Deus. Até nisso eu e o Cézar combinávamos. A gente entendia o quanto Deus é importante na vida da gente e sempre conversava muito sobre o quanto Deus tem operado em nossas vidas de forma maravilhosa.

Eu nunca pensei: 'Estou esperando o diretor da Zema Petróleo'. Não, eu via o Cézar! Quem chegava lá era o Cézar, não o diretor da Zema Petróleo, o presidente do Grupo Zema. Tem muita gente que gosta de carregar um cargo, um rótulo. Ele nunca se preocupou com isso. Ele sabe dessa condição, mas não é importante pra ele. É simplesmente um mérito do trabalho dele que ele valoriza muito', conta Teo.

Enfim, eu estava praticando exercícios físicos, mas eu precisava também cuidar da mente, do emocional e espiritual. Mais uma vez, a Wanda e o Adilson se movimentaram para me ajudar. O Adilson já fazia psicanálise na época e, em uma das sessões, comentou sobre mim. Era uma sexta-feira. Ele saiu da sessão e voltou ao escritório, onde me encontrou. Naquele momento, ele teve certeza de que poderia me ajudar.

O Adilson foi uma pessoa muito especial e importante na minha carreira e na minha vida pessoal. Ele teve a sensibilidade de perceber

Eu e o Teo, no CDA do Grupo Zema

que, naquele exato momento, eu precisava de ajuda. Naquela noite, Adilson procurou a Márcia Chaves, minha prima e nossa eterna conselheira no Grupo Zema, e a Wanda para conversar. Os três, juntos, foram os grandes responsáveis por me introduzir na psicanálise.

> "Por volta de 2003, o Cézar passou por um período difícil. A gente se aproximou muito nessa época. Talvez ele tenha visto em mim a figura de um filho ou um amigo muito próximo, em quem poderia confiar e com quem poderia se abrir. A gente ficava depois do horário de trabalho conversando e ele desabafava. Eu estava acompanhando as angústias dele, mas não sabia muito bem como conseguiria ou se poderia ajudar.
>
> Um dia, logo depois de uma dessas conversas, saí do escritório muito preocupado e fui para a minha sessão de análise. Obviamente, conversei com a Elza, que era minha psicanalista, e comentei o que tinha acontecido. A Elza falou: 'Adilson, eu entendo que ele está te pedindo uma ajuda, mas ele não sabe bem como pedir'. Saí da psicanálise, voltei ao escritório e ele continuava lá.
>
> Foi naquele momento que entrei em contato com a Márcia Chaves, assistente social que acompanhava todos aqui no Grupo Zema. Entrei em contato com ela e falamos com a Wanda", relembra Adilson.

Márcia Chaves, muito dedicada, logo foi buscar uma alternativa para mim. Ela conseguiu um horário com um psicanalista chamado Dr. Marcelo, no sábado, às 15h. Nós estávamos no meio da convenção da Zema Petróleo. Lembro que eu estava palestrando e recebi um bilhetinho escrito assim: "Márcia Chaves quer falar com você urgente".

Saí da apresentação, liguei para a Márcia Chaves e ela me disse que havia conseguido um horário para mim. Eu tinha de descer naquele exato momento.

Ali, graças à Wanda, ao Adilson e à Márcia Chaves, eu mudei os rumos da minha vida. Agradecerei eternamente aos três por todo o suporte e por tudo o que fizeram por mim em um momento tão delicado. Todos passamos por momentos difíceis, com dúvidas e sentimentos bons e ruins simultaneamente. Quando enfrentamos essas dificuldades, podemos identificar as pessoas que genuinamente estão ao nosso lado em qualquer situação.

No horário marcado, fui à minha primeira consulta. Marquei uma nova conversa com o Dr. Marcelo para o domingo. Depois, retornei na quarta, na quinta, no sábado e no domingo. Nas primeiras semanas, foi uma verdadeira maratona ao consultório. O Dr. Marcelo tinha a idade do Romeu Zema Neto, com quem chegou a estudar, e tinha de se desdobrar para atender todos os seus pacientes em Araxá e em São Paulo.

> *"A vida dele não foi fácil. Intensa, sobrecarregada e de muita responsabilidade. E o Cézar é assim: quando assume algo, ele se dedica muito, independentemente das dificuldades. Isso o fez passar por momentos complicados, mas sempre estive aqui para ajudá-lo e apoiá-lo. Apesar da correria, a família era seu porto seguro e sabíamos disso", relembra Wanda.*

Já são muitos anos de dedicação. Assim como a academia mudou a minha rotina, a psicanálise me trouxe equilíbrio. No início, pode parecer só desabafo. Mas a verdadeira função da análise, eu descobri apenas depois de quatro ou cinco anos de sessões semanais. Hoje, passados mais de 15 anos ao lado do Dr. Marcelo, posso afirmar que, no que depender de mim, nunca irei parar.

Os ganhos da terapia estão presentes na minha vida profissional, pessoal, conjugal e em todas as demais frentes. Acredito que as pessoas que estiveram ao meu lado nesse período perceberam claramente a evolução.

Eu, durante a Convenção da Zema Petróleo, antes da primeira consulta com o Dr. Marcelo

"A psicanálise exige uma alta frequência de sessões. Já tivemos períodos de três sessões semanais e também de uma sessão semanal. Essas mudanças guardam relação com a necessidade de adaptação às condições específicas do Cézar (viagens constantes).

A psicanálise é um processo longo, lento, no qual é comum, nos primeiros anos, após a redução de sintomas mais explícitos, o paciente achar que já está pronto para interromper o trabalho terapêutico. Com o Cézar, não foi diferente.

Após os primeiros anos, quando suas angústias mais afloradas foram reduzidas, ele aventou a possibilidade de encerrar o processo. Para sua surpresa, me posicionei dizendo que agora sim poderíamos começar a análise, ou seja, um aprofundamento cada vez maior na investigação de sua personalidade, tanto no âmbito pessoal quanto no profissional.

A psicanálise se diferencia das demais psicoterapias, sobretudo, por ser uma técnica voltada ao conhecimento do inconsciente do indivíduo. Inconsciente este responsável por grande parte do funcionamento mental, incluindo afetos, escolhas, atitudes, enfim, parte do comportamento que é regido por esse desconhecido, gerando sofrimento evidenciado pelos sintomas. Avaliação em psicanálise é muito difícil de descrever, não somente por nós, profissionais, mas também pelo próprio paciente. É algo mais sentido e vivenciado do que descrito.

Quanto ao Cézar, posso dizer que ele tem tido um bom aproveitamento do processo (lento e árduo) e isso pode ser notado pelo aumento da amplitude do seu 'espaço psíquico'. Isso lhe confere mais recursos para lidar com seus conflitos internos e, consequentemente, com os externos também.

> *O processo de análise não tem fim, uma vez que o inconsciente, a mente, o psiquismo, enfim, o indivíduo está em constante transformação. Portanto, teremos sempre 'material' (elementos, conflitos) a ser investigado, trabalhado",* conta Dr. Marcelo.

Posso afirmar que o ano de 2003 foi um grande divisor de águas na minha vida. Consegui olhar mais para mim mesmo, o que trouxe ainda mais equilíbrio e profissionalismo à gestão dos negócios, e ganhei um dos maiores presentes da minha vida: a minha amada neta Maria Eduarda.

Passado o momento de surpresa pela notícia da gravidez, já comecei a amar imensamente a minha netinha. Fiz questão de estar ao lado da Flávia e do Guilherme em todo aquele processo. Acompanhar a minha filha gerando o seu próprio filho foi uma grande bênção. Sou muito grato por ter tido essa honra.

A Flávia e o Guilherme decidiram que realmente não iriam se casar naquele momento. Eles eram muito jovens e precisavam amadurecer um pouco mais para decidir se queriam, de fato, viver juntos a vida toda.

Continuaram namorando, e eu, enquanto a nova casa não ficava pronta, me dediquei a preparar o nosso apartamento para a chegada da minha princesa.

No primeiro ultrassom da minha neta – que, até então, eu não sabia se era menino ou menina –, eu fui o primeiro a chegar. E foi uma emoção imensa. Ouvir, pela primeira vez, aquele coraçãozinho batendo na barriga da minha filha foi algo inexplicável.

Sem dúvida, eu tinha em casa uma motivação mais que especial para cuidar da minha saúde, física e emocional, e para me dedicar ainda mais ao trabalho. A família estava crescendo e eu, como sempre, queria o melhor para todos.

No nosso apartamento, havia um quarto para a despensa, e decidi que ali seria o quartinho da minha neta. Reformamos para mudar a

Wanda, Duda e eu

entrada do quarto e cuidamos de todos os detalhes. Fiz o quartinho todo rosa e ficamos esperando ansiosamente por ela.

No dia 13 de abril de 2004, a Flávia ficou o dia todo em trabalho de parto. Foi uma mistura de ansiedade, felicidade, medo e alegria. O coração apenas acalmou quando, às 23h55, Maria Eduarda chegou ao mundo!

A sensação de acompanhar o nascimento de um neto é difícil de explicar. Depois das médicas e das enfermeiras, fui a primeira pessoa a pegar Maria Eduarda no colo.

Quando olhei para aquele rostinho lindo, perfeito, tive certeza de que Deus havia me mandado um anjo. Um anjo que veio para me mostrar que a vida é muito maior do que a gente imagina e que a nossa capacidade de amar é infinita.

Maria Eduarda deixou a minha vida muito mais bonita, mais alegre e mais leve. Ter uma criança novamente em casa foi simplesmente a melhor coisa que poderia nos acontecer.

Guilherme e Flávia continuaram namorando. Ele fez faculdade, começou a trabalhar e, após cinco anos, ficaram noivos e decidiram se casar. Maria Eduarda foi a daminha de honra da grande festa.

> *"Ver sua filha se formar, se casar e ter filho é uma glória. É vencer uma batalha. Eu acho que é o melhor que pode acontecer para um pai ou uma mãe. É saber que você está encaminhando os filhos para um bom caminho", afirma Wanda.*

Quando Maria Eduarda estava com dois anos, eu completei 50. E a Wanda e as minhas filhas, novamente, me surpreenderam. Para comemorar o meu aniversário, prepararam uma festa surpresa. Fui para a fazenda e me seguraram por muito tempo lá. Comecei a achar que tinha algo estranho acontecendo. Voltei para casa e me colocaram no carro. Fomos para um espaço de festas em Araxá, e, quando cheguei, tive uma grande surpresa.

Minha mãe, à esquerda, Daiana, eu, Wanda e a Flávia com a Duda no colo, na festa dos meus 50 anos

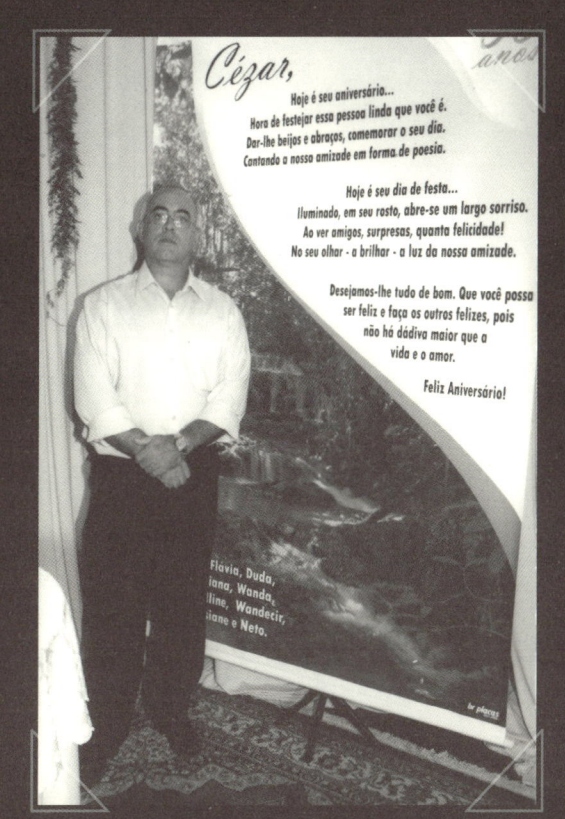

Eu, em frente à mensagem preparada pela família

Meus irmãos João, Joel, Nedinha e eu

Ricardo Zema, eu e Dona Maria Lúcia

Eu e a Wanda, durante a festa

A Wanda e minhas filhas conseguiram reunir muitas pessoas que eu realmente amava e admirava. Todos os meus amigos e pessoas queridas estavam lá. A minha família, com minha mãe, meus irmãos, cunhados, sobrinhos e tios; a família Zema, com o Ricardo Zema e os filhos Romeu e Luciana; os diretores da empresa e os meus amigos; todos estavam lá.

Foi um dia de muita emoção. A sabedoria da Wanda na preparação da festa foi incrível!

ENSINAMENTO 12
CUIDE DE SI MESMO

Buscar equilíbrio físico, emocional e espiritual não é tarefa fácil. Requer disciplina e foco. Se não cuidamos da nossa saúde física e mental, não conseguimos construir nada. Nosso desempenho inicia uma trajetória descendente e podemos chegar a um estágio de estresse e desânimo sem volta.

Apesar da vida tumultuada e da rotina repleta de compromissos, precisamos sempre reservar tempo para cuidar de nós mesmos. Esse tempo é essencial para garantirmos uma boa performance em tudo o que fazemos. Com a mente e o corpo em equilíbrio, podemos almejar conquistas ainda maiores. Sentimo-nos melhor, nos relacionamos melhor e trabalhamos melhor.

Reserve sempre um tempo para cuidar de você. Exercícios físicos e terapia são algumas das ações práticas que só nos fazem bem.

CAPÍTULO 13

DAIANA, A FAZENDA E OS NETOS

Mudamos de casa em 2008 para o local onde moro até hoje. Construí tudo com muito carinho, já pensando em uma família grande, como eu e a Wanda sempre sonhamos. Também comecei a ir mais para a fazenda nos finais de semana. Havíamos comprado as nossas terras em 2000, mas, até então, íamos muito para o rancho dos Zema e ficávamos pouco na nossa própria fazenda.

A Duda era uma grande motivação. Ela adorava ir conosco, e eu aproveitava para ficar alguns momentos com a minha neta. Daiana também! Ao contrário da Flávia, que nunca suportou ir para a fazenda, Daiana sempre foi apaixonada por cavalos, plantações e criação. Cuidar das terras, além de ser um sonho meu, também era uma forma de eu incentivar e motivar a minha filha.

Assim como vejo claramente metade de mim na Flávia, identifico na Daiana a outra metade. Sempre enxerguei nela um pedaço de mim. Comportamentos, gostos e até medos muito parecidos. Quando eu era menino, além de medroso, eu também era muito tímido. Estava sempre me escondendo, e dificilmente alguém conseguia tirar uma única foto comigo. O excesso de timidez pode se tornar um problema para qualquer pessoa. É difícil se relacionar, e enfrentamos dilemas internos constantemente.

Quando eu percebi que Daiana também era tímida, me lembrei de todo o sofrimento que eu passei e tive certeza de que iria ajudar a minha filha a não enfrentar situações semelhantes.

"Duas coisas mudaram muito o meu pai: a faculdade e a Maria Eduarda. Mudou tudo. Para falar a verdade, eu amo muito mais o meu pai hoje do que antes. Hoje, nós dois sentamos, conversamos, vamos para a fazenda juntos e eu peço conselhos a ele. Eu aprendi a dar muito valor aos meus pais, principalmente depois que eu desenvolvi síndrome do pânico. Naquela época, eu virei criança de novo.

Uma vez eu pedi para o meu pai me levar ao hospital. Eu achei que estava morrendo. Entrei no carro e senti um 'apagão'. O médico perguntou quanto tempo fazia que eu estava assim, e o meu pai falou que já fazia cerca de sete meses. O doutor disse para eu procurar um psiquiatra urgentemente.

No dia seguinte, eu já consegui uma consulta. Graças a Deus, uma menina desistiu e conseguiram me encaixar às 10h. A consulta durou mais ou menos uma hora e meia. O médico confirmou que eu estava com síndrome do pânico e precisaria começar a tomar alguns remédios. Foram quinze dias até que a medicação começasse a fazer efeito. Aos poucos, comecei a ficar mais animada. Foram seis anos de medicação, até eu completar 28 anos. Hoje, eu ainda faço terapia e acho que todos deveriam fazer.

Com as crises de pânico, aprendi a dar muito valor para o pessoal aqui de casa. Foi triste, foi difícil, mas Deus sabia que eu podia carregar essa pedra – que foi bem pesadinha, por sinal! Eu agradeço a Deus todos os dias pelo o meu pai estar ao meu lado e ter sido capaz de sustentar o meu tratamento.

Naquela época, também comentaram que andar a cavalo era uma ótima terapia. E eu sou apaixonada por cavalos.

> *Meu sonho sempre foi ter um cavalo na hípica aqui de Araxá. O meu pai sempre negou, porque era muito caro!*
>
> *Mas, quando eu comecei a melhorar, ele me deu um cavalo. Ele falou: 'Vai lá na hípica!'. E eu fui. Ele estava realizando o meu sonho de menina. Ele sempre fez de tudo para eu melhorar",* conta Daiana.

Em 2010, Daiana conheceu o Rodrigo. Ele apareceu na nossa vida por acaso. Apaixonada por cavalos, ela estava sempre na Hípica de Araxá e, um belo dia, conheceu o Rodrigo lá. Logo começaram a namorar.

Assim como ela, Rodrigo também adora ambiente de fazenda e, consequentemente, eles começaram a ficar mais tempo nas nossas terras. Apesar de eu querer muito e adorar cuidar da fazenda, é uma atividade que exige tempo e dedicação. Precisávamos de funcionários, estar mais presentes e de uma boa gestão. Eu não tinha tempo suficiente para tudo isso e comecei a pensar em vendê-la. Como a Daiana gostava, fui conversar com ela: "Eu vou vender a fazenda. A fazenda só me traz complicação".

E ela, obviamente, disse: "Pai, não vende, não! Eu quero isso para mim. Eu gosto de fazenda! Estou namorando o Rodrigo, e ele também gosta muito de fazenda. Deixa a gente cuidar e tocar o negócio!".

A fazenda estava apenas me trazendo prejuízo, e eu precisava decidir o que fazer. Foi então que chamei os dois para uma conversa. "Qual a intenção de vocês? Vocês pensam em casar? Se sim, marquem logo esse casamento que eu invisto na fazenda. Se não, vou vender logo", perguntei. Até hoje, Daiana brinca que marcou o casamento com o Rodrigo só porque eu insisti. Mas não é verdade. A intenção de casar já existia.

Eu só investi na fazenda porque, de fato, percebia no Rodrigo a vontade e a capacidade de se envolver cada vez mais com as terras. Além de gostar do trabalho, ele é uma pessoa muito inteligente, que certamente conseguiria administrar e gerenciar a produção. Assim como sempre apoiei os meus colaboradores e a minha equipe na Zema, em família eu também tinha a mesma percepção. Ajudei e ajudo os meus genros, que tenho como filhos, no que for preciso.

Comecei a equipar a fazenda do meu jeito, como eu sempre tinha sonhado, com maquinário e gado de primeira linha. Rodrigo se tornou o meu braço direito. A fazenda também era um sonho para ele e para Daiana. Juntos, os dois começaram a encará-la como uma empresa, e logo definiram metas de desempenho. Como todo negócio, ela precisava dar resultado para fazer sentido mantê-la.

Daiana e Rodrigo casaram-se em junho de 2012 e foram morar em um apartamento na cidade, porém localizado a apenas cerca de vinte minutos da fazenda.

No mesmo ano em que Daiana se casou, Flávia me deu o meu segundo neto: Luiz Guilherme. Assim como Maria Eduarda, foi muito desejado, e acompanhei a gravidez passo a passo. Depois de duas filhas e uma neta, chegava o primeiro homenzinho para iluminar ainda mais a nossa família. Ele nasceu no dia 11 de maio de 2012.

Três anos após o casamento, Daiana também engravidou. Mais um sonho se realizando e uma emoção infinita. Em 2016, nasceu Cézar Donizete Chaves Neto, que, além de ter o meu nome, também é a minha cara!

"Eu conheci a Daiana em 2010. Eu gostava muito de fazenda, e o Cézar também. Eu e a Daiana ficamos noivos e nos casamos em 2012. A nossa intenção era casar e morar na fazenda.

Começamos a conversar mais sobre o assunto e a fazer planos. O Cézar enxerga lá na frente. Tudo o que a gente falava ele levava a sério. Queria que a gente fosse persistente. Ele ajudava, mas queria que a gente fizesse a nossa parte.

Sempre foi assim, e tem dado certo. Temos cinquenta cabeças de gado na lactação, produzindo mil litros por dia.

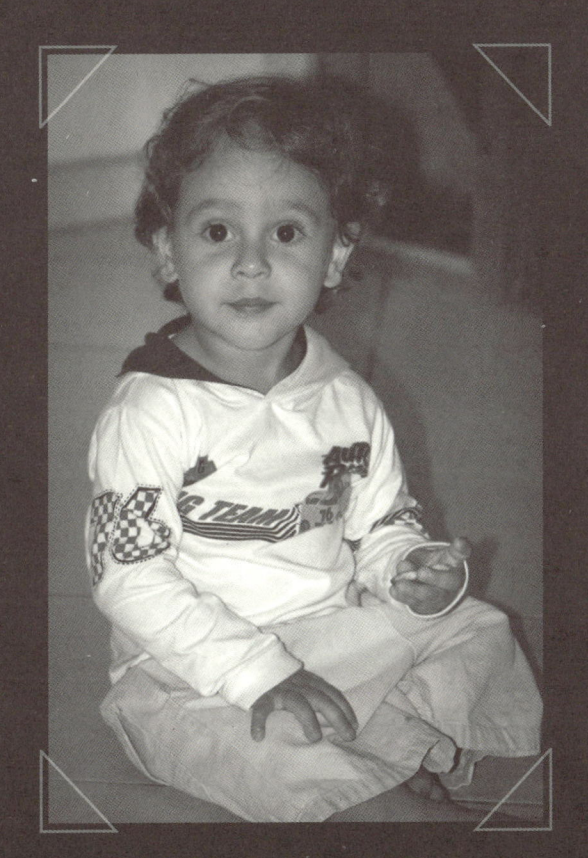

Luiz Guilherme, meu segundo neto

Eu e o Cézar Neto

A intenção é chegar a 120 cabeças produzindo 2 mil litros por dia.

É um projeto nada fora do normal, mas que exige investimento e dedicação. A pessoa tem que acreditar, tem que estar disposta a trabalhar e investir.

Quando eu e a Daiana casamos, decidimos que, se tivéssemos um filho homem, iríamos colocar o nome do Cézar, como uma homenagem.

O Cézar queria muito um neto e estávamos esperando o melhor momento para anunciar o nome escolhido. Ele ficou sabendo no dia do ultrassom, quando descobrimos que era menino. Naquele momento, contamos que o nosso filho receberia o nome de Cézar. Ele ficou bastante emocionado e até chorou.

No dia do nascimento do bebê, o Cézar e toda a família estavam lá! A primeira foto eu mandei para ele e falei: "Está aí. Careca igual ao avô!".

No ano passado, perdi meu pai. Nós estávamos na fazenda no dia em que aconteceu. Ele tinha uma doença grave e estava fazendo tratamento. Eu vim para Araxá e o Cézar esteve sempre ao meu lado. Ele me disse que seria um segundo pai para mim e não iria me deixar faltar nada. Na verdade, o Cézar sempre foi como um segundo pai para mim.

Uma característica que admiro muito nele é a capacidade de organização. Chega a ser tão certo que você acha que está errado. É difícil ver alguém tão organizado assim. Ele toma conta de tudo: da casa, da fazenda, da empresa. Ele tem tudo certinho, guardado, organizado, planejado. Todos os recibos e as notas fiscais de tudo. É muito precavido. É difícil alguém questioná-lo e ele não ter o documento que comprove o que está dizendo.

E é difícil ter essa organização. Uma pessoa que tem

a vida tão agitada, como tem tempo para organizar tudo assim? E ele tem tempo para tudo. É a determinação, a organização. Ele não tem preguiça de jeito nenhum.

Ele acorda cedo, pode até estar passando mal, mas, enquanto estiver de pé, ele estará cumprindo os compromissos dele", conta Rodrigo.

Eu amo intensamente os meus netos e me cobro por não passar tanto tempo com eles. Acredito que o "Cézar avô" poderia ser mais "Cézar vô". Eu sou realmente louco pelas minhas filhas e pelos meus netos. Um sentimento que não tenho como descrever nem explicar. Mas, na prática, acho que não faço aquele papel de "avô tradicional", que pega o neto no colo e sai brincando, passeando, correndo e fazendo farra.

Por conta das agendas, às vezes eu não consigo dedicar tanto tempo a eles. Consequentemente, eu me cobro muito por isso. Eu tenho consciência de que o avô de quem eles irão lembrar pelo resto da vida não é um avô que brinca e faz palhaçada, mas um que vai deixar um legado de boa formação, de bons valores, que trabalha muito e quer deixar muitas lições. Pelo menos é essa a impressão que eu tenho!

"Desde que eu me conheço por gente, eu conheço o meu avô. E ele sempre me mimou bastante. Sempre que eu fazia alguma coisa errada, vinha o meu avô e falava: 'Não, não faz isso com ela'. Eu chorava e ele me colocava no colo, contava histórias parecidas com o que eu fazia. Todo mundo bravo comigo e ele lá, me mimando! Sempre foi assim e é até hoje.

Eu gosto bastante de ir para a fazenda com ele. Eu o ajudo a fazer as coisas, ando para cima e para baixo com ele. Quando acaba a energia na fazenda, ele começa a me contar um monte de histórias de terror! Eu fico com medo, mas acho muito bom. Na verdade, eu sempre gostei e sempre torço para acabar a energia quando está chovendo. Quando acaba a luz, eu já fico com um sorriso de orelha a orelha e já pego as velinhas, porque sei que ele vai contar histórias.

O que eu mais gosto na fazenda é de andar no pasto. Uma vez, a gente foi em um lugar bem longe e tinha cipó. Aí eu fui inventar de me pendurar no cipó. Ele me segurando, e eu morrendo de medo de cair! Ele falou que eu estava firme e podia me soltar. Aí lá fui eu "gangorrar". Dei umas duas gangorradas e, na terceira, eu caí. Foi muito engraçado! É um dia que eu nunca vou esquecer. A gente sentava no pasto e ficava olhando para o céu, para as nuvens, e ele ia me contando coisas. Bem gostoso.

O meu avô também é um cara muito trabalhador. Sempre foi. Vejo a história dele na empresa como uma base para mim. Ele tem muita influência sobre mim, e eu me inspiro bastante nele. Ele nunca deixou nada de lado e sempre tentou fazer tudo perfeitinho. Tudo muito certinho. Mas ele nunca deixou de dar atenção para a gente, não. Sempre que ele está trabalhando, é quando todo mundo está fazendo alguma outra coisa.

Ele também sempre gostou muito de assistir a jornal, e às vezes eu ficava um pouco estressada com isso. Ele aumentava o volume e não queria que ninguém conversasse. A gente até marcava a hora. Todo mundo saía do celular e assistia ao jornal com o meu avô. E tinha que ser na sala. Depois, ele me contou que o jornal era importante para a gente saber o que estava acontecendo. Que tem coisas ruins, mas que a gente sempre tem que estar atualizado. E até hoje é assim.

Ele nunca falou bravo comigo. Minha tia e minha mãe contam que, quando elas eram pequenas, o meu avô era

Duda e eu

muito bravo. Eu falo: 'Nossa, é mentira, não é possível!'. O meu avô é uma pessoa completamente diferente do que elas falam que ele era. Eu já vi o meu avô bravo em algumas situações, mas não comigo. Às vezes, ele fecha a cara. Não me lembro de uma situação específica, mas já vi. Ele começa a engrossar a voz e eu penso: 'Eita, vou sair de perto!'.

O que eu mais admiro nele é a forma como ele lida com as coisas. Ele faz com que uma coisa ruim vire uma coisa boa. Ele leva tudo para a positividade, até nos piores momentos! Sempre tenta identificar o que você pode tirar de bom de algo ruim. Ele sempre foi assim, sempre foi certinho e nunca deixou nada de lado.

Já fui muitas vezes à Zema com o meu avô. E todo mundo sempre me cumprimenta. Não sei por que, mas, sempre que o meu avô me apresenta para um amigo pessoal ou do trabalho, a pessoa me fala: 'Você que é a famosa Duda?'.

O meu avô é uma das pessoas que eu mais admiro na família. Eu amo demais o meu avô.

Eu sempre tento guardar todas as coisas que ele me dá. Como ele viajava bastante, ele sempre trazia alguma coisa para mim e eu sempre guardava. E eu tenho muito ciúme das coisas que ele me dá. Não deixo ninguém tocar. Tudo o que o meu avô faz se torna muito especial para mim", conta Maria Eduarda, 13 anos.

Somos uma família muito unida. Estamos juntos a maior parte do tempo. A Wanda, como sempre muito dedicada, é o ponto central da nossa da família. A Flávia trabalha no Grupo Zema e, por sinal, apreendeu a amar a empresa, assim como eu. Passada aquela visão de que "a Zema me roubou dela", Flávia também mudou a sua visão. Ela percebeu que, na Zema, somos uma grande família e que se trata de uma empresa pela qual vale a pena dedicar uma vida inteira de trabalho. Aos poucos, e por mérito próprio, com muita dedicação, ela também começou a crescer e se desenvolver na empresa. Guilherme também trabalhou por alguns anos na Zema. Ele assumiu parte da área do marketing corporativo do Grupo e, após a venda da Zema Petróleo, mudou-se para a Total Energia. Rodrigo e Daiana, por sua vez, cuidam da fazenda.

Tenho a honra e o privilégio de vê-los quase todos os dias. Quando eu consigo ir almoçar em casa, é uma grande alegria. Luiz Guilherme e Duda vão para a escola e ficam em casa até a Flávia chegar. Muitas vezes, saio do trabalho e ainda consigo encontrar com todos. É um grande presente.

> "Todos os dias, eu falo 'oi' quando chego da escola e ele está sempre aqui no escritório dele. Eu venho às vezes para brincar com o carrinho dele. E ele me deixa brincar com as coisas dele.
>
> Eu também vou para a fazenda. Às vezes, vou com a minha tia, às vezes, com a minha mãe. Às vezes, com o meu avô. Eu gosto de ir ao curral e gosto de brincar com uma amiga minha que mora lá. Ela se chama Manu e tem 8 anos.
>
> Quando foi aniversário da minha tia, meu avô foi na piscina e eu fui com ele também. O meu avô já me deu alguns presentes. Ele já me deu um carrinho de polícia, uma caminhonete de polícia... Eu penso no meu avô todos os dias", conta Luiz Guilherme, na época, com apenas cinco anos.

Mais uma pessoa que está sempre em casa é o Wagner, a quem carinhosamente chamamos de Waguinho. Ele se tornou um grande amigo de toda nossa família.

Conheci o Waguinho no Grupo Zema. O diretor de Tecnologia da Informação da Zema Petróleo o contratou e ele começou a trabalhar no nosso escritório. Ele é um menino muito carismático e sempre dava muita atenção a tudo o que pedíamos. Quando eu

Eu e os meus netos: Duda, Luiz Guilherme e Cézar Neto

tinha algum problema no meu computador em casa, pedia para ele passar lá após o expediente. E ele tem uma grande *expertise* em diferentes tecnologias.

Aos poucos, como tinha competência, disposição e bom atendimento, outros executivos do Grupo também começaram a chamá-lo para trabalhos pontuais e particulares, incluindo Ricardo Zema e Dona Maria Lúcia, sua esposa.

Apesar de ser próximo a mim e ao Ricardo, em momento algum essa proximidade significava vantagem ou diferencial competitivo para ele na empresa. Lá, ele tinha os seus superiores diretos e, certo dia, ele foi desligado da empresa.

Fiquei sabendo da demissão do Waguinho durante uma viagem para o Mato Grosso com a Wanda. Ele me ligou comunicando a decisão interna e eu disse: "Infelizmente, eu não tenho o que fazer".

Busquei ajudá-lo indicando-o para um amigo, dono de uma distribuidora de combustível que estava em busca de um profissional com perfil semelhante. Ele foi entrevistado e estava tudo certo para ele começar no novo emprego. No entanto, apareceu uma oportunidade para a mesma área na Coocrez. Waguinho decidiu participar do processo seletivo. Foi selecionado e, na hora de escolher, preferiu ficar na Coocrez, onde já conhecia todos.

Waguinho, além de carismático, tem um bom coração. Como é muito distante da própria família, acabei me aproximando muito dele, aconselhando tanto sobre a vida pessoal quanto sobre a profissional. Sem querer tomar o lugar de seus pais, obviamente, busco sempre ajudá-lo. Quero vê-lo sempre bem, realizado e feliz.

> "Depois que me desliguei da Zema Petróleo, eu comecei a ir, fora do horário de expediente, à casa do Cézar. Fiquei ainda mais próximo dele e da família. Às vezes, eles estavam comendo um sushi ou tomando um vinho e eu ficava por lá. Foi nessa época que passei a fazer parte também da Confraria do Vinho. A Confraria do Vinho é formada pela

família do Cézar e alguns diretores da empresa. Ele me convidou para participar, o que me fez sentir ainda mais parte da família.

O Cézar me ajudou muito em momentos diferentes. Quando eu saí da Zema, eu recebi o dinheiro da minha rescisão. Como eu não sou muito ligado com meu pai, eu falava com o Cézar: 'O que eu tenho que fazer? O que eu preciso fazer com esse dinheiro?'. Eu gosto muito de festa! Então, para mim, seria muito fácil gastar aquele dinheiro.

E ele me falou: 'Vamos comprar uma casa'. Segui o conselho e fui escolher uma casa. Quando achei, disse para o Cézar: 'Vamos lá para você conhecer! Se você concordar, eu vou comprar'. Ele conversou com o vendedor e me disse: 'Pode fechar! A casa é muito boa'.

Então peguei o dinheiro e paguei a entrada. Na verdade, eu queria comprar um carro. Mas o Cézar falou: 'Não faz isso! Compra uma casa. Carro, daqui a um tempo, você não tem mais e vai continuar pagando aluguel'. Ele me deu muita força para essa conquista.

Hoje, tenho o meu cantinho e posso dizer: 'Estou no meu lar, na minha casa'. Eu fiquei muito feliz também porque a primeira reunião que fizemos lá em casa foi da Confraria do Vinho. Todos foram para lá, e eu fiquei até meio receoso. Era o primeiro encontro, a casa era nova e eu estava com medo, afinal não sabia receber as pessoas. Fiquei muito nervoso. Mas a Wanda chegou mais cedo e me ajudou bastante na organização.

Depois da minha demissão, também comecei a fazer caminhada com o Cézar, a frequentar a fazenda e até passei Réveillon e Carnaval com eles. Qualquer evento que tenha, estamos juntos.

Nos nove anos em que trabalhei na empresa, não tive esse vínculo. E, logo depois, ele fez esse papel de pai ado-

tivo na minha vida. Na hora em que eu precisei mesmo, ele estava comigo, me ajudando a tomar as decisões.

Todo mundo tem uma visão de o Cézar ser uma pessoa fechada. No CDA (Centro de Distribuição e Apoio) do Grupo Zema, todo mundo vê ele no corredor e já fica com medo: 'Nossa, o presidente da empresa chegou'. Mas todo mundo pode ficar tranquilo porque ele adora ouvir as pessoas e tem um coração enorme.

Sou muito grato ao Cézar. O que ele precisar de mim, o que eu puder fazer por ele e pela família dele, eu faço", conta Waguinho.

ENSINAMENTO 13
COMPARTILHE EXPERIÊNCIAS E AJUDE O PRÓXIMO SEMPRE QUE PUDER

Assim como aprendemos com as experiências dos outros, as nossas próprias experiências podem ajudar muito os nossos colegas, seja na vida pessoal, seja no trabalho. Compartilhar e alertar os colegas sobre possíveis consequências de seus atos sempre contribuem positivamente. Quando consultados, devemos aconselhar e tentar mostrar o caminho que acreditamos ser o melhor, levando em consideração também as nossas experiências pessoais.

Os colegas podem ou não aceitar os nossos conselhos. Cada um trilha seu caminho e constrói seu próprio destino. Nossas histórias podem ajudá-los a evitar problemas e enfrentar dificuldades. A decisão final e o empenho na realização e na superação são sempre dos outros, mas podemos ajudá-los ao longo da jornada!

CAPÍTULO 14

OS PLANOS DE APOSENTADORIA E A CHEGADA À PRESIDÊNCIA

No Grupo Zema, a década de 2010 começou a todo vapor, acompanhando o forte crescimento da economia. A empresa caminhava muito bem em todas as frentes, especialmente na unidade de varejo, comandada por Romeu Zema e por João Bosco, e na de petróleo, comandada por mim. O acesso ao crédito e o aumento do poder de compra da população impulsionaram muito os negócios da Eletrozema e, em pouco tempo, superamos a marca de quinhentas lojas. Na Zema Petróleo, avançávamos nas duas frentes, tanto em distribuição de combustíveis como em novos postos. A bandeira Zema expandia-se rapidamente pelo interior de Minas Gerais, além de Mato Grosso, Goiás, Rio de Janeiro e Distrito Federal. Atingimos e superarmos a marca de trezentos postos embandeirados, entre franquias e postos próprios. Em termos de faturamento, ultrapassamos R$ 2,5 bilhões ao ano, representando mais da metade das receitas de todo o Grupo.

Foi quando comecei a pensar na minha sucessão. Há uma regra no Grupo Zema que define a idade de 60 anos para a aposentadoria. Eu completaria 60 anos em 2016. Então, nada mais óbvio que eu começar a me preparar para essa nova fase.

Aposentadoria era algo que nunca havia passado pela minha cabeça. Desde pequeno eu quis trabalhar e não tinha nenhum plano de carreira que me levasse à aposentadoria. Enquanto eu tiver saúde, quero produzir e trabalhar.

Como eu liderava a Zema Petróleo e havia começado a companhia literalmente do zero, conversamos um dia na empresa sobre o assunto. Excepcionalmente no meu caso, a empresa estenderia o prazo de aposentadoria para os 65 anos. O objetivo era conseguir preparar o meu sucessor na Zema Petróleo nesse período. Eu aceitei o desafio e comecei a avaliar os possíveis perfis.

Nessa época, o cenário econômico nacional mudou drasticamente. Se, em 2010, o PIB brasileiro tinha crescido 7,5%, a partir de 2014 a situação ficou bem diferente. Naquele ano, a economia brasileira apresentou expansão de apenas 0,1%, despencando -3,8% em 2015 e -3,6% em 2016.

O período, que ficou conhecido como a maior recessão da nossa história, também acendeu um sinal de alerta no Grupo Zema. Alguns negócios, afetados diretamente pela perda do poder de compra da população, começaram a demandar mais atenção da diretoria. Em 2015, precisamos começar um processo de desligamento de funcionários e, na Eletrozema, mais de 60 lojas foram fechadas.

Na Zema Petróleo, os negócios continuavam indo bem. As variações cambiais e do preço do petróleo favoreciam a venda de combustíveis. Em 2015, registramos um aumento de 42% no faturamento e 23% na comercialização de combustível. Apesar de termos reduzido o ritmo de expansão, em 2016 chegamos a ter um aumento de 28% nas vendas e na receita. Além de mais de trezentos postos, já tínhamos doze bases de distribuição de petróleo, o que nos colocava entre os quinze maiores *players* do país.

As nossas bases estavam localizadas em Barra do Garças e Cuiabá, no Mato Grosso; em Uberlândia, Uberaba e Betim, em Minas Gerais; em São José dos Campos, Paulínia, Ribeirão Preto e Guarulhos, em São Paulo; em Senador Canedo, em Goiás; em Duque de Caxias, no Rio de Janeiro; e em Brasília, no Distrito Federal.

Romeu Zema liderava o Grupo e, junto com o Conselho de Administração, decidiu que, para superar a crise, precisávamos de decisões conjuntas. Uma das medidas foi exatamente a centralização das empresas no mesmo local. A Zema Petróleo tinha uma sede e uma estrutura e as Lojas Zema tinham outra. O objetivo era centralizar áreas de suporte, como contabilidade, financeiro e atividades corporativas. As medidas trariam sinergia e ajudariam na redução de custos, trazendo mais saúde para o Grupo.

Em 2016, decidimos unir as estruturas no CDA de Araxá. Então comecei a acompanhar um pouco mais de perto o dia a dia da unidade de varejo. O meu contato passou a ser maior exatamente quando juntamos as diretorias das duas empresas no mesmo ambiente. Ali, comecei a conhecer os trâmites e o contexto geral de uma unidade que, até então, era novidade para mim. Como ficamos mais próximos, comecei também a trocar mais ideias com o Romeu Zema.

Mas eu não podia perder de vista a preparação do meu sucessor. Eu tinha acabado de completar 60 anos. Ou seja, teria apenas mais cinco anos para decidir quem seria o meu sucessor e prepará-lo para o desafio.

Logo que chegamos e começamos as mudanças, algo me incomodou. Eu sempre tive o meu jeito de gerenciar e organizar tudo. No CDA, ficavam todos os diretores, incluindo o Romeu Zema, que era presidente do Grupo, na mesma sala. Eu achava que o Romeu precisava de uma sala reservada para ele. Como líder de um conglomerado, com diferentes frentes e negócios, na minha avaliação, ele precisava de um espaço separado. Alguns assuntos

> **O período, que ficou conhecido como a maior recessão da nossa história, também acendeu um sinal de alerta no Grupo Zema.**

deveriam ser tratados confidencialmente e a sala do Romeu deveria ser o espaço para essas conversas.

Poderíamos até ter uma sala conjunta, eu e ele, para discutir estratégias para as empresas e o Grupo. Eu tinha certeza de que tínhamos muito para conversar. Fui então procurar o Romeu. Inicialmente, ele disse que não concordava muito com a minha ideia, mas que iria pensar. O Romeu, de fato, sentia-se muito bem como estava. Até aquele momento, quando o local era apenas das Lojas Zema, poderia fazer sentido estarem todos juntos. Mas, agora, com novas pessoas chegando, eu acreditava que não faria mais.

Continuamos trabalhando, dia após dia, e não falávamos mais sobre o tema. No entanto, como constantemente havia assuntos que eu queria tratar somente com ele, logo perguntei de novo: "Romeu, você decidiu sobre a sala?".

Naquele dia, reservamos um tempo para uma conversa mais longa. Fui comentar com ele sobre algumas atitudes que eu vinha percebendo no time e a minha preocupação com ele. O Romeu sempre foi um executivo extremamente estratégico e inteligente. Desde a sua chegada, as Lojas Zema atingiram um patamar que nunca tinham sido alcançado. Precisávamos de toda a *expertise* dele focada no futuro do Grupo. Considerando que eu estava perto de me aposentar, queria trocar mais ideias e ajudá-lo nesse sentido.

Mas então ele comentou comigo sobre os planos dele: "Eu queria te falar uma coisa que eu já conversei no Conselho e eu já conversei em família. Eu realmente quero te dar uma notícia em primeira mão. Eu vou deixar a presidência, a diretoria executiva. Eu vou deixar a empresa e vou assumir a presidência do Conselho. Vou focar somente nas decisões estratégicas".

E eu disse: "Acho legal! Acho que é isso mesmo. Você tem que colocar alguém aqui que faça a gestão. Você vai contratar alguém de fora? Já tem a pessoa pronta para vir para cá?", perguntei.

"A pessoa já está pronta, sim, já está preparada", disse o Romeu.

"E quem é essa pessoa?", perguntei.

"É você! Já falei com a família", respondeu Romeu.

Na hora, eu fiquei até meio tonto. E disse: "Nossa, eu?! Como assim?".

E Romeu continuou: "A gente já vem te observando há algum tempo, já vem te preparando há algum tempo", afirmou.

Apesar das palavras do Romeu, até aquele momento eu nunca havia recebido nenhum sinal de que essa mudança poderia acontecer. Eu estava me preparando e começando a aceitar a ideia de aposentadoria – o que não estava sendo nada fácil para mim! Depois de quarenta anos dedicados à mesma empresa, me ver diante da perspectiva de sair, mesmo que fosse para me aposentar, era muito difícil. Era uma história longa, de muita dedicação, rotina, um comprometimento enorme. Parte da minha vida era a Zema. Depois de quatro décadas, acordar e não ir para o Grupo Zema seria algo muito complicado para mim. Eu tinha começado, inclusive, a fazer um trabalho grande com o Dr. Marcelo para aceitar aquela possível separação.

E, de repente, tudo mudou novamente! Em vez de eu preparar o meu desligamento, recebi a notícia de que eu seria o responsável pelo Grupo e que havia sido escolhido pelo Romeu para ser o seu sucessor.

Mais uma vez, foi uma mistura de sentimentos. Um filme com toda a minha trajetória passou pela minha cabeça. Lembrei de mim nos postos, lavando os carros, depois ajudando o Ricardo Zema em tudo o que pudesse, depois a dedicação na abertura da Zema Petróleo, a expansão da rede, a criação da Coocrez, a faculdade e, obviamente, a minha família.

Muito mais que uma promoção, aquela notícia soou para mim como um grande reconhecimento. Um reconhecimento que, de fato, nunca esperei ou almejei, mas que me trazia, simultaneamente, um grande conforto. Ali, tive a sensação de que minha dedicação e minha vontade de sempre surpreender e alcançar os melhores resultados tinham surtido efeito. Sei que cometi erros no caminho, mas a minha vontade sempre foi acertar, e os acertos se sobressaíram.

É claro que deparei com pessoas que não gostaram da notícia ou não queriam a minha ascensão. Uma trajetória profissional positiva sempre tem um lado negativo. A inveja, a maldade e o desdém são males que fazem parte do mundo corporativo. Posso dizer que, ao longo de quarenta anos, deparei com muitos profissionais que tentaram me apunhalar pelas costas. Recebi, sim, muitas pedradas. É inevitável! Fazemos parte de um mundo real, e os reveses estão sempre presentes.

Mas os momentos ruins precisam ser superados. Temos que acreditar nas organizações para as quais trabalhamos e em nossos líderes. Muitas vezes, alguns profissionais podem tentar estragar uma imagem, mas temos que enaltecer os momentos bons, porque os ruins vão ser sempre superados.

Nunca sonhei com a presidência do Grupo, nem a imaginei ou desejei. O que eu sempre quis foi fazer o meu melhor para a empresa. Desde o primeiro dia em que comecei a trabalhar no posto de gasolina, trago a Zema no meu coração e o Ricardo Zema como o meu grande líder. As notícias de que eu poderia assumir a presidência e de que a família e o Conselho já haviam aprovado a escolha me trouxeram um sentimento de aceitação, de realização que nunca pensei que sentiria. Acima de tudo, a decisão concretizava a sensação de confiança de toda a família Zema em mim. E isso, por si só, já era o meu grande presente.

Fiquei feliz e agradecido pelo reconhecimento. Tive a sensação de que valera a pena o que havia feito. Além disso, soube que

> **Ali, tive a sensação de que minha dedicação e minha vontade de sempre surpreender e alcançar os melhores resultados tinham surtido efeito.**

a empresa entendia que eu, mesmo aos 60 anos, ainda poderia ajudar e colaborar. Por esse lado, posso até dizer que a decisão me deixou meio envaidecido. Eu não ligo e nunca liguei para título. Mas saber que, para toda a família Zema, eu ainda sou capaz, isso, sim, me envaidece!

No momento em que o Romeu comentou comigo sobre a decisão, as dúvidas também começaram a aparecer. A minha primeira grande questão era: se eu preciso sair em quatro ou cinco anos, como poderei exercer a função de presidente? Não terei tempo de exercer o meu cargo como deveria, nem tampouco de preparar um sucessor.

Outro ponto que começou a me preocupar foi a unidade de varejo. Eu não dominava o negócio e a unidade representava cerca de 40% do faturamento do Grupo. Mais uma vez, eu precisaria de todo o suporte da equipe para as tomadas de decisão.

Havia ainda o Conselho. Até então, os únicos chefes que, de fato, eu tivera no Grupo Zema tinham sido o Ricardo e o Romeu Zema. Agora, eu reportaria ao Conselho, que me cobraria por todas as decisões e os resultados do Grupo.

O Romeu me disse que a questão da sala, que era o assunto inicial da nossa conversa, seria a primeira decisão que eu tomaria como presidente.

Após a conversa, voltei para a sala dos diretores e encontrei o Adilson e a Flávia. Cheguei bem devagar, e eles logo me perguntaram: "O que aconteceu?".

E eu disse: "O Romeu está saindo da presidência. Ele vai ser o presidente do Conselho".

A pergunta automática foi: "Quem vai ficar no lugar dele?".

Olhei para baixo, meio cabisbaixo, com uma expressão de dúvida no rosto. Eles ficaram me olhando atentamente, esperando uma resposta.

"Vocês não vão acreditar!", respondi.

"Quem?", perguntaram.

E, então, comuniquei:

"Estão olhando para ele. Sou eu!"

Automaticamente, eles arregalaram os olhos, sem esconder a surpresa com a notícia.

E disseram: "Decisão certa. Não tem pessoa melhor!".

Cheguei em casa e comentei com a Wanda. Ao mesmo tempo em que compartilhou comigo a felicidade pelo reconhecimento ao meu trabalho, ela também se mostrou preocupada. Pouco tempo antes, eu havia tido um problema no coração e sido levado às pressas ao hospital. Haviam colocado o segundo *stent* em uma das artérias para evitar o entupimento. Não chegou a ser um infarto, mas foi quase. Então, sempre que eu falava em um novo desafio, que obviamente iria me trazer mais trabalho e responsabilidades, ela ficava preocupada. Além disso, ela aguardava ansiosa a minha aposentadoria. Se eu me aposentasse, eu ficaria mais tempo com ela e com os nossos netos. Eu teria mais tempo para a fazenda, e, provavelmente, nos mudaríamos para lá.

Mas a Wanda também sempre soube o quanto eu gosto do Grupo Zema, o quanto eu gosto de trabalhar e como os desafios me inspiram. E, sempre pensando no meu bem, ela também ficou feliz com o novo cenário.

Na semana seguinte, tivemos uma reunião com o Conselho, em que se oficializou, em ata, que eu seria o sucessor do Romeu. Os membros do Conselho também destacaram nessa reunião o que esperavam de mim. Na ocasião, o Conselho era formado por Romeu, Ricardo e Romero Zema, os três acionistas, João Bosco Silva, ex-executivo da Votorantim Metais, e José Antonio Rossi, ex-executivo do Grupo Martins.

Marcamos uma data para a comunicação geral aos diretores, que foi conduzida diretamente pelo Romeu. Somente Adilson e Samuel, que eram muito próximos a mim, receberam a notícia com antecedência.

"Eu comecei como estagiário no setor de transportes da Zema Petróleo, onze anos atrás. O primeiro dia em que

eu tive contato com o tal Cézar, ele já era diretor-geral da Zema Companhia de Petróleo. Eu tive que levar alguma coisa na sala dele. Eu cheguei e falei: 'Bom dia! O senhor tem um segundo?'. Ele olhou para mim e falou: 'Eu tenho cara de senhor?'. Eu, menino de tudo, pensei: 'Ai, meu Deus do céu, o que eu falei?'. E disse: 'Não! Foi só por educação'. E ele respondeu: 'Pode me chamar de você'.

O Cézar sempre deixou a porta aberta para todo mundo. Ele nunca teve esse negócio de 'Só vem aqui gerente, diretor'. Não! O estagiário também podia ir até ele e conversar. Muito tranquilo.

Sempre que eu tinha algum trabalho de faculdade – eu cursava Administração –, ele se dispunha a me ajudar: 'Quando precisar, fala comigo que a gente discute'. Eu ia, a gente sentava e eu saía com muito mais informações do que aquelas que eu tinha ido buscar.

Quando eu entrei, eu estava, no mínimo, umas quatro hierarquias abaixo. A gente brinca aqui que o Cézar tem um olho muito bom para encontrar talentos dentro do Grupo, formá-los, lapidá-los e, depois, dar posições estratégicas para eles. O Cézar tem um foco grande em formar líderes. E isso acontece, principalmente, por conta dessa abertura que ele sempre teve com todos.

Quando o Adilson estava trabalhando na Eletrozema, eu e o Cézar nos aproximamos muito. Acredito que ele viu em mim a possibilidade de cobrir a lacuna deixada pelo Adilson.

A primeira vez que participei de uma reunião de Conselho foi um momento muito marcante. Sempre participavam os conselheiros e os diretores. Como começamos a trazer muitos dados e análises econômico-financeiras, o Cézar falou: 'Samuel, você tem que ir lá e apresentar estes números. Se perguntarem alguma coisa, eu não vou saber responder'. E eu falei que tudo bem. Eu tinha uns 25 anos e já era analista sênior.

Naquela primeira reunião, a gente mudou um pouco a dinâmica de apresentação de números, indicadores etc. Eu saí da sala, e o Cézar continuou com os conselheiros e os outros diretores. Eu fui para a nossa sala. Quando acabou, o Cézar veio, me deu um abraço forte e, até com os olhos lacrimejando, falou: 'Cara, obrigado. Você não sabe o sucesso que foi a apresentação!'. Esse foi um momento bem memorável.

Lembro de uma vez em que nós fomos para o México visitar uma rede de lojas de conveniência. Fomos eu, ele e o Guilherme. O voo tinha escala em Miami ou Orlando, não me lembro bem. Nós passamos rapidamente por um outlet para fazer algumas compras. Teve algo que me chamou muito a atenção no Cézar. Ele comprou presente para as filhas, para a esposa, para os netos, para os genros, para a mãe dele, para as empregadas da casa, para as mulheres que cuidam da mãe, para todo mundo. Mas não comprou nada para ele. Ele não se esqueceu de ninguém. Nem de mim. Eu o estava ajudando a ler e se comunicar em inglês, e, como gratidão, ele comprou uma camisa para mim.

Ele tem um coração muito grande, pensa muito na família, pensa muito nas pessoas. Ele não trabalha por dinheiro; ele não é apegado ao dinheiro. Ele trabalha porque se sente realizado ali. Repassar o que ele sabe para as pessoas que estão próximas é o que mais dá prazer para ele. Ele é totalmente despretensioso.

Além disso, ele tem um feeling para negócio que é impressionante. Quando ele fala que um negócio não vai dar certo, você pode pular fora. A gente não sabe de onde ele tira isso, mas é algo dele. E o contrário também. Ele consegue antever se um negócio tem potencial para prosperar.

Eu, Wanda e toda a família Zema

> *A gente vê, de fato, uma visão estratégica no Cézar. Ele não se importa de não saber detalhes da operação. Ele tem a visão. Sou fã do Cézar", conta Samuel.*

Considerando o meu histórico no Grupo e o trabalho que havíamos feito na Zema Petróleo, a transição seria concluída em seis meses. Em um semestre, Romeu me passaria todos os projetos em andamento e nós trabalharíamos juntos para eu conhecer a operação das Lojas Zema.

A reunião de Conselho aconteceu no dia 28 de outubro de 2016. No dia 31 do mesmo mês, oficializamos para os diretores. A partir de então, começamos a trabalhar juntos. Em janeiro de 2017, eu já praticamente estava à frente do Grupo sozinho.

Comecei a levar o meu modelo de gestão para as unidades de negócios. Fizemos uma reestruturação, começando pela própria diretoria. O Adilson, inicialmente, seria o meu vice-presidente, e o Samuel, o diretor financeiro. No entanto, logo mudamos de ideia e redesenhamos a diretoria.

O Adilson ficou como vice-presidente do varejo, e o Leceandro como vice-presidente da Petróleo, estatutariamente. No dia a dia, eles exercem as funções de diretor-geral corporativo e diretor-geral da Petróleo, respectivamente.

Passamos a definir as prioridades. Mergulhei de cabeça em entender o varejo e suas nuances. Promovemos mudanças internas, ajustamos áreas estratégicas e unimos as unidades. Somos todos Zema, com uma mesma gestão e um mesmo propósito. E eu hoje tenho a honra de conduzir essa orquestra.

ENSINAMENTO 14
AGRADEÇA PELO RECONHECIMENTO E COMEMORE AS SUAS CONQUISTAS

Se você foi resiliente, olhou adiante, teve iniciativa, trabalhou duro, buscou seus objetivos, teve espírito empreendedor, construiu bases sólidas, assumiu responsabilidades, soube aprender com os erros e soube trabalhar em equipe, certamente o sucesso vai te acompanhar!

Mas nunca devemos trabalhar tendo como objetivo o reconhecimento. Não! O reconhecimento é uma consequência das nossas atitudes. Se o seu objetivo for apenas ser reconhecido, você poderá ter uma grande frustração.

Seu empenho deve ser genuíno, para construir algo bom e positivo. Devemos nos empenhar porque queremos sempre fazer o melhor. Só isso!

E, quando o reconhecimento chegar, mantenha sempre a humildade e agradeça por tudo e a todos que o ajudaram na sua trajetória. Comemore, sim, as suas conquistas, festeje com as pessoas que você ama! Se você chegou lá e sabe como foi dura a trajetória, você merece os parabéns. Sem arrogância, apenas com humildade e o sentimento de dever cumprido no coração. Essa será a sua maior premiação!

CAPÍTULO 15

OS NOVOS RUMOS DA ZEMA PETRÓLEO E O FECHAMENTO DE UM CICLO

Por mais que, até o início de 2017, eu conhecesse pouco sobre as lojas de varejo, sempre acreditei que uma boa gestão é essencial em todos os negócios. O desconhecimento nunca me preocupou. Na verdade, adoro sair da minha zona de conforto!

O ano de 2017 marcou o primeiro período do Grupo Zema sob a minha gestão. Com a ajuda dos nossos diretores, eu pude conhecer melhor cada um dos nossos ativos e, consequentemente, definir uma estratégia para irmos ainda mais longe.

Em relação ao varejo, sabíamos, desde o início, que não seria um ano fácil. A economia continuava fraca, e as vendas ao consumidor final não mostravam sinais de melhora. Reavaliamos todas as lojas e verificamos em quais delas estavam os nossos melhores resultados. Também identificamos as unidades que não apresentavam a rentabilidade desejada.

Descobri que a operação do varejo é apaixonante. Os riscos envolvidos são bem menores que os riscos de uma distribuidora de petróleo, por exemplo. Além disso, percebi que as oportunidades eram imensas. Uma das frentes mais promissoras do varejo era, de fato, o e-commerce. Até aquele momento, o nosso e-commerce era destinado apenas ao que chamamos de "venda assistida". Ou seja, era uma ferramenta de venda para as lojas físicas, e não para o consumidor final. Se estruturássemos o canal, poderíamos chegar a todas as cidades do país.

Começamos a estudar e buscar informações em diversas frentes. Mergulhamos nos conceitos de transformação digital e identificamos o que a tecnologia poderia proporcionar ao nosso negócio. O Adilson assumiu a responsabilidade pelo projeto, e começamos a desenhar o novo contexto. Em 2018, iríamos fazer a transformação digital na nossa rede de varejo.

Outra empresa do Grupo para a qual vislumbramos oportunidades imensas foi a Zema Financeira. Em 2016, a rentabilidade da Financeira cresceu 106%. Vale ressaltar que esse desempenho estava diretamente ligado às lojas do varejo – uma vez que o principal serviço oferecido era o financiamento das vendas realizadas pelas lojas. Se aumentássemos as vendas do varejo, aumentaríamos também a receita da Zema Financeira. Além disso, poderíamos expandir as atividades para fora das lojas. As nossas operações de empréstimos pessoais poderiam ser oferecidas para qualquer pessoa que precisasse de crédito rápido.

Se nas Lojas Zema Eletro e na Zema Financeira as perspectivas eram de muitas oportunidades de expansão, no mercado de petróleo o cenário estava bem mais nebuloso. Ao contrário do que tinha acontecido na década de 1990, quando a desregulamentação do preço dos combustíveis impulsionou o surgimento de novos *players*, em 2017 percebíamos o movimento contrário.

Após o governo Dilma Rousseff, no qual os reajustes de preços pela Petrobras eram, de certa forma, controlados, em outubro de 2016 tudo começou a mudar. Os preços dos combustíveis passaram a acompanhar o mercado internacional. Os reajustes eram constantes. Os preços poderiam aumentar ou diminuir diariamente por conta das oscilações na taxa de câmbio e das cotações do petróleo e de seus derivados.

A mudança trouxe muita volatilidade para o mercado, e abriu-se um grande espaço para as importações de combustíveis. A medida impactou todo o setor, incluindo as grandes, médias e pequenas distribuidoras. As oscilações de preço elevavam os riscos do negócio e poderiam afetar muito a nossa rentabilidade.

A Zema Petróleo sempre foi uma empresa rentável e de gestão exemplar. Nunca demos prejuízo, nem desrespeitamos a legislação vigente. Mesmo com desempenho positivo, percebemos que a lacuna entre a nossa empresa e as grandes companhias ficaria cada vez maior, e seria preciso aumentar mais os investimentos. Os nossos revendedores, por sua vez, precisariam de melhores condições comerciais para também conquistar mais clientes. Tínhamos de, rapidamente, avaliar as melhores alternativas para o negócio, para os acionistas, para os nossos clientes e para os funcionários.

Em meados de 2017, fizemos uma reunião com os diretores gerais Adilson, Leceandro, Walisson e Michelle. Identificamos a necessidade de investimento na Eletrozema, na Zema Financeira e na Zema Petróleo. Com o novo cenário, a Zema Petróleo tornou-se o negócio com os maiores riscos e as menores margens. Em contrapartida, a Eletrozema tinha margens maiores e riscos menores. Já a Financeira apresentava as melhores margens e praticamente nenhum risco.

Começamos a repensar o negócio. Ao longo dos anos, havíamos passado por algumas tentativas de fusão com outras empresas, mas nenhuma tinha dado certo. Então sugeri que a melhor alternativa seria, de fato, vendermos a Zema Petróleo. Tínhamos um ativo muito bom e valorizado nas mãos. Construímos uma empresa sólida, rentável, sem passivos, com uma rede de mais de trezentos postos, treze bases de distribuição e duas bases de TRR. Se algum grande *player* internacional conhecesse o nosso negócio, certamente iria se interessar em adquiri-lo. Com o melhor poder de barganha, esse *player* proporcionaria melhores condições comerciais aos nossos revendedores e traria novas perspectivas aos nossos colaboradores. Fomos unânimes ao definir que essa seria a melhor alternativa para 2018.

Levei o cenário aos acionistas. Não iríamos em busca de um comprador, mas a possibilidade de venda estava lançada. O degrau estava ficando cada vez mais alto, e precisaríamos de um grande *player* para aumentar a nossa competitividade.

Em uma reunião do Conselho no final de 2017, avaliamos todos os pontos e discutimos os valores desejados pelos acionistas para uma possível venda. Apenas analisaríamos uma proposta se ela envolvesse, de fato, um valor considerado justo pela empresa.

A Zema Companhia de Petróleo tinha sido fundada com investimento zero. Não tivemos nenhum aporte do Grupo para a criação da nova empresa. Tive a ideia e me empenhei em executá-la. Em duas décadas, construímos um ativo que poderia render aos acionistas centenas de milhões de reais. De fato, algo de que me orgulhar! Mas o tempo corria contra nós. Se não iniciássemos uma série de investimentos ainda em 2018, a empresa poderia começar a perder valor. Estávamos no auge do crescimento e de resultados. Sem dúvida, o melhor momento para se desfazer de um ativo. Assim como com um imóvel, uma ação ou qualquer outro bem, o momento ideal para vendê-lo é quando ele está mais valorizado. E estávamos exatamente nesse ponto. O nosso valor de mercado estava no patamar ideal para pensarmos em vender.

No Grupo como um todo, fechamos 2017 com bons resultados. Mesmo com a economia ainda fraca, revertemos o desempenho das Lojas Zema e aumentamos o faturamento e o lucro líquido.

O ano de 2018 começou com grandes demandas e muitos planos. Romeu Zema, por questões pessoais, decidiu se afastar definitivamente do Conselho do Grupo. Ele aceitou o convite do Partido Novo e se candidatou ao governo do estado de Minas Gerais.

Internamente, criamos uma nova marca, para unir o Grupo em uma única identidade visual. Fechamos o planejamento e nos decidimos pelos investimentos na Zema Petróleo, pela transformação digital e pelo projeto da criação da primeira loja da Zema Financeira.

Começamos o ano muito bem, superando as nossas próprias expectativas. No varejo, as vendas começaram a dar sinais claros de recuperação, e revisamos para cima as nossas projeções. Na petróleo, iniciamos os investimentos e, paralelamente, procuramos o Banco ABC, em São Paulo, que já nos assessorava em operações financeiras estratégicas, para comentar sobre possíveis opções de venda da Companhia.

Fomos atendidos pelo competente especialista em fusões e aquisições Fabiano Cardile. Ele foi muito receptivo. Oportunamente, comentou que havia várias empresas estrangeiras buscando ativos interessantes nesse mercado no Brasil.

Em maio de 2018, a greve dos caminhoneiros afetou o cenário e mudou as nossas perspectivas. No dia 21 daquele mês, caminhoneiros autônomos iniciaram uma paralisação em todo o país, fechando as rodovias e impedindo a entrega de produtos e combustíveis. O Brasil literalmente parou. O objetivo principal do movimento era mostrar a insatisfação por conta dos constantes reajustes de preço, especialmente do óleo diesel. A nova política da Petrobras trazia baixa previsibilidade também para os caminhoneiros. O movimento afetou toda a economia. A entrega de produtos básicos, como alimentos e remédios, foi prejudicada nos 26 estados do país e no Distrito Federal. Muitos municípios chegaram a declarar situação de calamidade pública. Foram dez dias de paralisação e inúmeros prejuízos. Como aconteceu com praticamente todas as empresas, os nossos negócios também foram afetados negativamente.

A greve apenas endossava a nossa avaliação sobre os riscos envolvidos no mercado de petróleo. Para os grandes *players* globais, que trabalham com maiores margens e já atuam com essa oscilação em outros países, a mudança é mais natural. Já para as pequenas e médias empresas, o impacto é bem maior. Mais de 70% do mercado estava concentrado em quatro gigantes globais. Os 30% restantes eram disputados por mais de 150 companhias.

Foi então que as conversas para a venda da Zema Petróleo evoluíram. Por meio do Banco ABC, quatro empresas mostraram interesse em conhecer a nossa companhia: duas brasileiras, Atem's e Rodoil, e duas estrangeiras, a francesa Total e a holandesa Vitol.

Tivemos diversas reuniões. A *boutique* de investimentos Estáter foi contratada pela Total e começou as conversas com o Banco ABC. Do lado jurídico, fomos assessorados pelo Tozzini Freire Advogados. Fizemos o *valuation* – que é a determinação do valor exato da empresa – e começamos o processo de *due diligence* – que tem como objetivo uma avaliação minuciosa da empresa em negociação.

De fato, tínhamos um excelente ativo em mãos, o que se refletiu diretamente na avaliação financeira da empresa. A gestão que tínhamos estabelecido na Zema foi um diferencial – e teve seu valor reconhecido. Os números apresentados eram, como desejavam os acionistas, bem atrativos.

Nas nossas reuniões, era comum os executivos envolvidos ressaltarem como era difícil encontrar uma empresa com uma gestão tão alinhada como a nossa. O acionista da Estáter Pércio de Souza chegou a me parabenizar e dizer que a Zema Petróleo era um "exemplo raro de cultura e organização". Esse reconhecimento, de fato, me deixou muito satisfeito.

A negociação evoluiu mais rapidamente com a francesa Total. A empresa buscava já havia alguns anos a oportunidade de começar a operar com postos de combustíveis no Brasil e percebeu rapidamente um diferencial na Zema. Quarta maior empresa de petróleo do mundo, a Total escolheu a nossa companhia para ser a porta de entrada e a plataforma de crescimento para alcançar os seus objetivos no nosso país.

Foram oito meses de negociação, com muitas idas e vindas de executivos para conhecer a nossa operação. Chegamos a um valor que achamos justo e precisávamos fazer alguns ajustes exigidos pela compradora. Deveríamos separar completamente a operação, principalmente no que se referisse aos sistemas de gestão. Executivos vieram de Paris e, ao longo do mês de outubro, conheceram a nossa operação. Visitaram postos e conversaram com os principais executivos e com os acionistas.

Em meio à campanha eleitoral – que daria a vitória ao Romeu Zema como governador de Minas Gerais, no dia 28 de outubro –, a família Zema também era envolvida nas nossas negociações.

Ajustamos todos os pontos necessários e começamos a planejar a assinatura do contrato que seria encaminhado ao Conselho Administrativo de Defesa Econômica (Cade). Na semana do dia 6 de novembro, os executivos franceses fizeram a última visita a Araxá antes da data marcada para a assinatura do contrato. Precisávamos correr para finalizar os ajustes tecnológicos exigidos. Planejamos também a comunicação; afinal, eu queria informar logo todos os nossos funcionários e clientes.

Agendamos a assinatura do contrato de venda para o dia 14 de novembro, em São Paulo, no escritório da Estáter. Fomos para a capital paulista, eu, a Wanda e o Adilson. No dia 13, eu participaria de um evento com os governadores eleitos e presidentes de grandes empresas. Estava tudo certo!

Planejei a viagem para o domingo. Eu aproveitaria a estadia em São Paulo para fazer um exame que o meu cardiologista, o Dr. Lucas, tinha solicitado. Havia alguns meses eu vinha sentindo dores no peito e no braço, e a recomendação foi fazer um novo cateterismo. Agendei o exame para a segunda-feira, dia 12, às 8h. Mas o que deveria ser algo simples quase virou uma internação!

Quando os médicos do Hospital Nove de Julho iniciaram o procedimento, viram que o quadro era bem mais crítico do que tinham imaginado. Eu estava com 95% da principal artéria do coração entupida. Mais uma vez, fui muito bem atendido e os doutores rapidamente entraram em contato com o Dr. Lucas em Araxá. Tínhamos duas opções: eu seria operado e continuaria internado por cerca de quinze dias; ou colocariam mais três *stents* no meu coração. Após o alinhamento com o meu médico, os doutores pediram a autorização da Wanda e do Adilson e se decidiram pela colocação dos *stents*. Saí do hospital no mesmo dia. Se a melhor alternativa fosse a operação, certamente a assinatura do contrato poderia não acontecer...

Enquanto isso, a equipe buscava atender às últimas exigências e preparava os comunicados. Em um processo de venda, a comunicação precisa ser rápida, pois envolve o dia a dia de muitas pessoas. Eu estava preocupado com os nossos funcionários e com os revendedores. Eu mesmo queria comunicar a todos os motivos da venda e as perspectivas com a nova empresa.

Eu estava convicto de que aquele seria o melhor negócio para todos. Com uma empresa global assumindo a operação, a Zema Petróleo ganharia competitividade e melhores perspectivas. Não sofreríamos tanto com as oscilações dos preços e os novos donos fariam os investimentos necessários para trazer melhores condições para os revendedores. Os nossos funcionários, por sua vez, ganhariam todos os benefícios de fazer parte de uma empresa multinacional. Queria comunicá-los rapidamente, afinal, se chegamos aonde chegamos, devemos tudo aos nossos colaboradores e revendedores!

Apesar da certeza de estar fazendo um bom negócio, quanto mais se aproximava o momento da assinatura, mais aumentava a minha ansiedade. Lidar com o desapego não é algo trivial. Comecei a Zema Petróleo sozinho, sem investimentos, com uma ideia na cabeça e muita força de vontade. Vi a empresa crescer, avançar e chegar a lugares que nunca havia imaginado. Dediquei 21 anos da minha vida ao desenvolvimento da Zema Companhia de Petróleo e, naquele dia, me preparava para assinar um contrato para deixá-la ir embora. Por mais que eu soubesse que era o melhor a ser feito e que as perspectivas eram excelentes, algo dentro de mim estava triste. Vi um filme passar pela minha cabeça e senti uma vontade imensa de chorar. Era como se eu estivesse me despedindo de alguém que eu amava muito e com quem tinha convivido ininterruptamente por 21 anos.

Posso afirmar que romper esse laço foi sem dúvida o maior desafio para mim. Para concretizarmos o negócio, participamos de muitas reuniões com altos executivos. Adilson, Samuel e Leceandro me ajudaram muito. Conseguimos um valor excelente na negociação. De fato, posso afirmar que, até o momento, esse foi, sem dúvida, o maior negócio no qual me envolvi.

"O fato mais importante em todo o processo de venda da Zema Companhia de Petróleo foi a visão de longo prazo. Da mesma forma como o Cézar percebeu, na década de 1990, a oportunidade de iniciar um novo negócio, ele identificou a necessidade de venda nesse momento.

A Zema Companhia de Petróleo foi criada para durar para sempre. E a forma como ela foi gerenciada ao longo desses anos mostra exatamente essa preocupação.

No entanto, todas as mudanças tributárias e políticas de preço da Petrobras afetaram o mercado como um todo. A empresa precisaria de mais recursos para manter a sua trajetória de crescimento e, paralelamente, o risco de ela encolher aumentou substancialmente.

Utilizando um termo muito comum hoje, podemos dizer que, se fomos disruptivos quando começamos, também fomos disruptivos agora.

O cenário estava claro, e precisávamos convencer todos os acionistas de que o melhor seria a venda. O Cézar também precisou lidar com o 'desapego'. Ele era um dos donos e precisava avaliar todo o processo de forma racional. Precisávamos confrontar os bons números que tínhamos com o valor sentimental da empresa.

Apesar de a negociação ter durado apenas oito meses, o assunto já vinha sendo debatido há mais tempo pelo Grupo. Primeiro, pensamos em uma fusão, buscando uma parceria estratégica. Mas não tínhamos certeza de que seria exatamente a melhor alternativa. A partir do momento em que tivemos a definição de que a venda seria a opção ideal, o processo foi rápido.

Fomos muito bem assessorados, e o momento conspirava a nosso favor. Tudo caminhou para que a venda fosse concretizada, uma vez que as empresas internacionais começaram a avaliar a possibilidade de adquirir empresas menores.

Como comentei, a Zema Petróleo foi feita para durar e sempre teve uma preocupação muito grande com governança. Desde 2006, éramos auditados pela PricewaterhouseCoopers, tínhamos uma gestão profissionalizada, foco em resultados e transparência. Investimos muito ao longo dos últimos anos, e todo esse cenário foi recompensado nessa transação", comenta Adilson.

Por conta dos ajustes tecnológicos que ainda precisávamos fazer, adiamos a assinatura para o dia 15 de novembro, feriado nacional. O acordo envolvia a nossa empresa de distribuição de combustíveis, Zema Petróleo, o nosso TRR, Zema Diesel, e a Zema Importação. O documento ainda seria encaminhado para a avaliação do Cade. Mas, da nossa parte, já estava resolvido. As nossas empresas agora fariam parte da Total, multinacional francesa considerada uma das maiores empresas de petróleo e gás do mundo.

Acabávamos de deixar de ser uma empresa regional para nos tornar mundiais. Se chegamos a ter a perspectiva de que, no futuro, a Zema Petróleo poderia sofrer com as oscilações do mercado, agora, o cenário que vislumbrávamos era completamente diferente. Passamos de uma pequena distribuidora para uma das maiores do mundo. Ou seja, invertemos completamente a perspectiva, e a mudança realmente precisava ser comemorada.

Com o documento em mãos, pegamos a estrada de volta rumo à Araxá. A minha preocupação agora era informar a todos. Alinhamos o discurso com a área de comunicação da Total na França e, na segunda-feira, dia 21, reunimos os nossos colaboradores. Foi um momento de muita emoção. Todo o time estava reunido. O que eu mais queria e precisava era agradecer a eles e parabenizá-los pelo excelente trabalho que vínhamos realizando ao longo das últimas

Sentados, da direita para a esquerda, Wanda,
eu e Romero (ao centro), Adilson (ao fundo) e os executivos
da Total, no dia da assinatura da venda da Zema Petróleo

décadas. Se despertamos o interesse de grandes *players* mundiais, realmente criamos um time forte, competente e eficaz. Passamos várias horas juntos, contamos tudo e esclarecemos todas as dúvidas, com a transparência que sempre foi uma das nossas principais características. Encerramos a noite em um jantar com os executivos da Total e agendamos um evento para o dia 22, no qual todos conheceriam mais sobre os novos donos da Zema Petróleo.

Após comunicar aos funcionários, era hora de comunicar aos revendedores. A venda da Companhia traria novas oportunidades para os nossos clientes, e eu também queria comunicar a eles e explicar tudo pessoalmente. No entanto, reunir mais de trezentas pessoas de diferentes localidades do país não é fácil. Pensamos em realizar eventos rápidos em Belo Horizonte, Uberlândia e Goiânia, mas o tempo era nosso inimigo.

Os executivos da Total precisariam voltar para a França, e, em um evento com revendedores, a presença deles seria fundamental. Certamente, eles seriam questionados sobre os novos rumos e as mudanças pelas quais os postos Zema passariam. E isso apenas a Total poderia responder.

Preparamos então um comunicado eletrônico e apostamos na proximidade dos nossos assessores para explicar o cenário e as perspectivas. O comunicado aos revendedores deveria ser enviado uma hora antes de um comunicado para a imprensa ser distribuído globalmente. Como a Total é uma companhia de capital aberto, o nosso nome ganharia destaque no mundo todo. Marcamos a liberação dos comunicados para o dia 22. O comunicado aos revendedores seria enviado às 9h e o comunicado para a imprensa, às 10h.

No dia 21, comunicamos às outras três empresas que estavam avaliando a possibilidade de compra da Zema Petróleo que havíamos assinado o acordo com a Total. A informação chegou à imprensa e, no dia 22, a notícia já estava em todos os jornais. Havíamos feito um grande negócio, tão grande que conseguimos levar o nome da Zema Petróleo para os quatro cantos do mundo.

Posso afirmar que foi um período de grande aprendizado. Aprendemos a cada dia, e, mais uma vez, tive a certeza de que este é um dos grandes objetivos da vida: aprender a cada dia mais.

A equipe agora passará a ser comandada oficialmente pelo Leceandro, um profissional fantástico que tive a honra de conhecer e para cuja formação pude contribuir. Junto com a Total, a competência dele irá levar a Zema Petróleo a posições muito mais elevadas no *ranking* das maiores distribuidoras do país. Continuarei acompanhando a trajetória da Companhia, assim como um pai acompanha o filho, mesmo que à distância.

No Grupo Zema, o meu desafio continua. Agora, sem a Zema Petróleo, vou focar os meus esforços nas demais frentes de negócio. E esse desafio me rejuvenesce. Encerro o segundo ano no cargo de presidente com um grande negócio para os acionistas. E sei que tenho muito mais a fazer.

Posso não ter Zema no nome, mas tenho Zema no coração. Tenho a garra e a vontade necessárias para levar o Grupo a novos patamares. Tenho uma equipe altamente qualificada e engajada em me ajudar nesta trajetória. Tenho a confiança da família Zema e o endosso do meu ídolo Ricardo Zema. Tenho o apoio da minha família e, acima de tudo, tenho a certeza de que Deus e o meu pai também olham por mim e acompanham todos os meus passos.

Pai, descansa em paz, o senhor tem um filho doutor!

Wanda e eu

ENSINAMENTO 15
NUNCA PENSE EM LIMITAÇÕES E CONSTRUA UMA GRANDE TRAJETÓRIA

A venda da Zema Companhia de Petróleo é, para mim, um símbolo de como todos nós podemos construir algo grandioso.

Cresci na roça; vim para a cidade para estudar; fui alfabetizado aos 12 anos; perdi meu pai; trabalhei como servente de pedreiro e frentista; no meu dia a dia, percebi a necessidade de criar uma nova empresa e fundei a Zema Petróleo; concluí uma graduação após os 40 anos; cuidei dos negócios do Grupo como se fossem meus; cheguei à presidência quando menos esperava e fechei um negócio milionário com a venda da empresa que fundei.

O menino da roça conseguiu realizar o sonho do pai de ter um filho doutor. O que levou esse menino adiante foi a sua dedicação, a certeza de estar sempre fazendo o melhor possível, a iniciativa e o desapego.

Nunca pensei ser mais ou menos que ninguém. As dificuldades que tive não foram empecilhos. Nunca tive vergonha de pedir ajuda nem dificuldade para delegar. Sempre busquei formar pessoas, pois sei que empresas são feitas por seus profissionais. Não basta saber, é preciso ensinar, compartilhar. Somente assim conseguimos perpetuar o conhecimento.

Não dê espaço para as dificuldades, dedique-se e comemore as suas conquistas. Pode estar certo de que elas sempre virão!

APÊNDICE

DEPOIMENTOS

MARIA FORTUNATA CARDOSO,
mãe de Cézar Chaves

Quando o Cézar era pequeno, ele adorava se esconder. Teve uma época em que ele adorava ficar embaixo de um pé de pimenta. Era uma árvore muito grande que ficava na fazenda onde a gente morava. Uma vez, o pai do Cézar ficou procurando por muito tempo, mas não o encontrava. De repente, apareceu a cabecinha dele lá no pé de pimenta. Nossa, o meu marido viu e o Cézar levou uma bronca enorme.

O Cézar cresceu, casou e começou a trabalhar na Zema, onde está até hoje. A gente fica muito satisfeita e alegre de ver aonde ele chegou. Ele começou como frentista e se dedicou muito para chegar aonde está. O meu marido queria que ele estudasse, se formasse e fosse alguma coisa na vida. Graças a Deus, ele conseguiu!

Mesmo trabalhando muito, o Cézar sempre está próximo da gente. Os meus filhos vão na minha casa quase todos os dias. Joel, João e o Cézar se revezam. Um dia vai um; outro dia vai outro; outro dia vão os três. A menina (Nedinha) vem de oito em oito dias da fazenda pra me ver.

O Cézar é muito bom e cuida muito de mim. Todos eles querem sempre saber se eu preciso de alguma coisa. Eles são bons demais! São muito unidos e me ajudam muito.

Sou muito feliz com a nossa família. Graças a Deus.

JOÃO CHAVES, *irmão mais velho*

O Cézar sempre foi um menino esperto, muito trabalhador. Nunca teve preguiça. O que pedíamos para ele fazer, ele fazia. Quem ensinou o Cézar a escrever, fui eu. Não lembro muito bem como foi, mas eu o ensinei a escrever o próprio nome. Dali para a frente, ele começou a se desenvolver por outros caminhos, sempre estudando e trabalhando.

Ele sempre foi muito inteligente. Quando entrou na faculdade, eu achei muito bom. Como ele já estava com mais de 40 anos, no meio do curso começou a desanimar. Ele fazia muita coisa ao mesmo tempo, com trabalho e estudo. Mas eu falei para ele continuar e ele conseguiu concluir o curso.

Nós também trabalhamos juntos! Ele foi meu chefe! Eu era gerente de um posto de combustível da Zema e ele era o diretor. Ele era bravo, enjoado, enjoado mesmo, mas com razão. Ele gostava de tudo muito certo, de acordo com as normas da empresa. E nós tínhamos que cumprir tudo!

O Cézar é esforçado demais. Nessa época, ele levantava de madrugada e já começava a trabalhar. Eu abria o posto às 6 horas da manhã. Alguns dias, quando eu chegava ao posto, ele já tinha passado por lá, resolvido o que precisava e voltado ao escritório.

Ele gosta muito do que faz e faz tudo com amor. A boa vontade, o esforço e a garra que ele tem mostram o quanto ele gosta do que faz.

Com a família é a mesma coisa. Até hoje, ele se preocupa com a saúde e com a vida financeira de todos nós. Ele está sempre preocupado com a família. Mesmo sendo o mais novo de casa, pra falar a verdade, ele foi o meu segundo pai. E é até hoje no que se refere a cuidado, atenção e preocupação.

São tantas histórias que eu poderia ficar uma semana contando. Muitas coisas importantes aconteceram com ele e eu acompanhei toda a trajetória de perto, tanto as coisas boas como as dificuldades.

Sei que ele teve muita inteligência para conquistar tudo o que conquistou. Ele é decidido, fala duro e fala sério. Tem firmeza.

Sempre que a gente tem alguma dúvida, a gente recorre a ele. Ele é um porto seguro, nos passa muita segurança e nos ajuda demais. A gente sempre sabe que ele está dizendo a coisa certa.

Eu desejo ao Cézar felicidade em tudo, não só na vida profissional, mas com a família também. Desejo muitos anos de vida e muita saúde para ele continuar sendo o nosso segundo pai. E sei que vou sempre precisar dele.

JOEL CHAVES, *irmão*

O Cézar sempre foi muito determinado para estudar e trabalhar. Graças a Deus, nosso pai nos ensinou a sermos pessoas honradas, trabalhadoras, honestas. Ele não teve condição de nos dar dinheiro, mas nos deu um berço. E o Cézar herdou esse berço de tal maneira que, até hoje, podemos ver os resultados.

O Cézar sempre se preocupou muito com todos nós, especialmente com a nossa mãe. Ele tem um comprometimento muito grande com a nossa família. Além de a gente ser irmão, a gente também é amigo. O Cézar é meu confidente, assim como eu sou dele.

Na Zema, o Cézar também tem uma grande história. Mas em uma empresa, ainda mais quando passa de mil pessoas, há muitas pessoas que querem te empurrar pra baixo. Tem gente de todo tipo. Com o Cézar, não foi diferente. Quanto mais degraus você sobe, mais risco você corre de levar uma punhalada. Sempre tem alguém que quer te empurrar pelas costas. E eu ficava preocupado com o Cézar.

Quando ele foi para a faculdade depois dos 40 anos, eu achei muita loucura. Eu disse pra ele: "Você vai ter sucesso. Mas, se você começar e parar, você vai ter prejuízo. Faculdade você não pode começar e parar no meio do caminho. Então, pensa no que você está fazendo". E ele disse: "Eu quero ir pra completar o curso".

Eu vi o Cézar crescer com muita satisfação. Eu o vejo hoje na Zema e, como irmão, sinto uma grande alegria. Essa satisfação não é só minha, mas de toda a nossa família. Agradecemos ao nosso bom

Deus e agradecemos muito ao Grupo Zema, em especial ao Ricardo Zema e ao Romeu Zema, que sempre confiaram muito no Cézar.

Eu tenho uma admiração muito grande pelo Ricardo. Ele depositou toda a confiança no Cézar, deu as oportunidades e, hoje, deixou toda a empresa dele nas mãos do Cézar. E o Cézar teve competência pra chegar nesse ponto com honestidade, responsabilidade e dedicação.

LEONILDA CHAVES, *irmã*

Eu e o Cézar temos uma diferença de idade de apenas dois anos, o que foi muito bom para mim. Nós brincávamos muito e crescemos juntos; onde um estava, o outro estava também. Quando eu era adolescente, ele sempre me acompanhava nas festas. Quando eu casei, fui morar em Monte Carmelo e senti muita falta do meu irmão.

Quando ele entrou na faculdade, fiquei muito satisfeita. Ele sempre foi muito esforçado e trabalhou muito. Quando ele chegou a presidente do Grupo Zema, ficamos muito satisfeitos.

WANDA, *esposa*

O Cézar sempre foi muito companheiro. Quando ele entrou na faculdade, para mim, foi uma terapia. Eu gosto de receber as pessoas e adorava quando a turma toda se reunia em casa. Eu fazia sopa, macarrão e eles ficavam estudando até uma ou duas horas da madrugada. Outras vezes, íamos para a fazenda nos finais de semana, para eles estudarem. Alguns levavam as esposas também. Então, aproveitei junto todo esse período.

Com ele na presidência, vejo os dois lados. Fico muito feliz pela recompensa. Ele merece. Por outro lado, fico preocupada, porque é uma responsabilidade muito grande. Como ele se dedica muito, tenho medo de que isso possa não fazer bem para a saúde dele.

Mas eu agradeço muito a Deus por tudo. Eu sou uma pessoa simples e coloco tudo nas mãos de Deus. Que seja feita a vontade Dele! Eu acho que, se Deus colocou essa batalha na mão dele, é porque ele tem competência para vencer.

Chegar à presidência é uma vitória. É uma vitória por tudo, principalmente pela dedicação e pela honestidade dele.

Cézar, eu, mais do que ninguém, admiro sua história e sei o quanto você merece todas as vitórias na sua vida!

CECÍLIA, *cunhada, esposa do João Chaves*

O Cézar é o irmão que eu não tive. Na minha família, somos seis irmãs, sem nenhum homem. E ele foi o meu irmão. Foi meu amigo, meu companheiro. Nunca nos distanciamos. O João era muito difícil de lidar e o Cézar, além de ajudá-lo, sempre me aconselhava.

Teve uma época em que o João trabalhava na Construtora Zema, mas ficou desempregado e foi trabalhar fora da cidade. Fomos morar em uma cidade bem menor. O meu filho mais velho ficou em Araxá, com a minha sogra e com o Cézar. O Cézar ajudou a cuidar dele.

Nós viemos para cá de novo, o João ficou desempregado novamente e começou a trabalhar em uma fazenda. A gente tinha alugado uma casa perto e passamos muita dificuldade. O Cézar pagou o aluguel e fazia até compra para nós. Ele já era casado, já tinha a Flávia e, mesmo assim, nos ajudou. E nos ajudou muito.

Um dia, ele foi ao local onde o João estava trabalhando. Ele estava dormindo em um celeiro de capim. Ele pegou o João, fez ele largar tudo o que estava fazendo e disse: "Vamos embora". Trouxe o João para cá e arrumou um serviço para ele no Grupo Zema. E continuou a nos ajudar.

Uma vez, o João ficou muito doente. Estava desenganado. A gente precisou de um medicamento caro e difícil de achar. O Cézar passou a noite toda em busca do remédio e conseguiu. Eu nem fiquei sabendo qual era o preço; ele pagou tudo. Graças a Deus, o João saiu daquela situação.

Mesmo trabalhando muito, ele nunca deixou a família de lado. O Cézar tem um carinho e um cuidado muito grande com todos. Se precisar de algo, pode contar com ele. Mas, se precisar dar bronca, ele dá também.

Ele é o mais novo dos irmãos, mas é o conselheiro da família. Para o João, ajudou muito mesmo. Se não fosse ele, teríamos passado mais dificuldade ainda.

WANDECIR, *cunhado, irmão da Wanda*

A gente se conheceu com uns 18 anos. Nós tínhamos uma turma e íamos juntos para as festinhas. Depois, ele passou a frequentar a minha casa. Ele conheceu a Wanda, e começaram a namorar.

O namoro deu certo, e a nossa amizade foi aumentando. Ele casou. Eu casei. Passamos a viajar e passear juntos e criamos um grande laço de amizade. É difícil encontrar um lado ruim no Cézar. Ele é muito tranquilo.

Ele sempre foi voltado para a família e para o trabalho. Quando casou com a minha irmã, ele era frentista de posto, e hoje ele é presidente do Grupo Zema. Essa trajetória mostra todo o esforço e a dedicação dele.

A gente também tem que falar sobre a humildade do Cézar. Ele não gosta que ninguém passe dificuldade. Está sempre muito ligado. Se você precisar, ele vai te ajudar da melhor forma que puder. Esse é um lado muito positivo dele. Ele é muito bom.

FLÁVIA CHAVES, *filha mais velha*

O meu pai é extremamente família. Continua com aquele instinto protetor, de se preocupar muito com a qualidade de vida de todo mundo. Ele se preocupa muito com a minha mãe e a Daiana. Hoje em dia, ele ainda fala muito: "Flávia, aqui estão todos os meus controles, projetos e investimentos". Ele se preocupa muito com o amanhã.

No dia a dia, muitas vezes, é difícil separar as duas personalidades, meu pai e o chefe. Dentro da empresa, eu o chamo de Cézar. Tento me acostumar a chamá-lo pelo nome.

Eu quero realmente frisar o orgulho que eu tenho dele. Eu me espelho muito nele. Nós somos iguaizinhos, temos a mesma essência, não tem jeito!

Ele é um cara de persistência e atitude. São as duas palavras que eu usaria para resumi-lo. Ele sempre teve persistência, independentemente das dificuldades que enfrentou, e atitude para agir quando necessário. Uma pessoa que todos admiram muito! Exemplo de profissional e de pessoa! Amo muito o meu pai!

DAIANA, *filha*

Quando o meu pai assumiu a presidência, fiquei preocupada por conta da saúde dele. Mas isso foi ótimo para valorizar toda a competência e a dedicação dele. Ele tinha que viver isso!

Meu sonho agora é fazer uma viagem com todo mundo junto. E é possível! No ano passado, a gente estava combinando de ir para Gramado passar o Natal. Como eu engravidei, acredito que, no ano que vem ou no finzinho desse ano, a gente consiga ir. Eu já fui para lá em julho com o meu pai e o Rodrigo. É um lugar lindo, e por isso queremos voltar!

MARIA EDUARDA, *Duda, a neta mais velha*

Eu adoro viajar com o meu avô de avião. Toda vez que alguém fala que eu vou viajar de avião, eu pergunto se o meu avô vai. Isso porque eu tenho um pouco de medo e ele me dá uma segurança...

Eu sempre falo: "Vô, e se esse avião cair, e se acontecer alguma coisa?". Ele pega na minha mão e responde: "Não, Duda, vai dar tudo certo". Ele começa a me contar outras histórias e me dá uma calma... Teve uma vez que ele até me fez dormir a viagem inteira. Eu era muito novinha e lembro que a gente foi para a praia. Era a minha primeira vez no avião.

Quando a gente vai para a praia, ele adora ir para o mar. Mas ele dá um mergulho rápido e pronto. Já está bom! Ele adora andar na areia, e eu gosto de acompanhá-lo. Ele tem várias histórias para contar e começa a cantar umas músicas antigas...

Também gosto de viajar com o meu avô porque ele sempre me dá alguma coisinha! Eu falo que, se um dia ele falir, vai ser por minha causa!

LUIZ GUILHERME, neto, cinco anos

Aqui na casa do meu avô, eu gosto de brincar com o Cézar Neto e com a Duda. Às vezes, eu venho aqui para assistir a um filme também. Às vezes, eu chego e tomo leite com Toddy. Eu gosto de brincar com ele. Eu gosto da fazenda também.

Queria falar para o meu avô que eu gosto muito dele. Eu amo o meu avô.

WAGNER HARNEY, amigo

Quando escolheram o Cézar para a presidência, eu achei que foi a pessoa certa, até pelo que ele representa para a empresa. Ele começou como frentista e foi passando por todos os cargos, até chegar ao cargo máximo de presidente.

A gente conversa muito nas caminhadas. Ele está se sentindo muito feliz, porque ele gosta de desafios. Então, a cada dia que passa, ele tem o desafio maior de alavancar as vendas do Grupo Zema. Eu vejo que ele sente prazer em correr atrás desse resultado. Com ele, não tem tempo ruim, mesmo trabalhando até as oito ou nove horas da noite.

E eu fico muito feliz de ele estar onde está hoje. O mérito é todo dele! Está todo mundo feliz por tudo o que ele conquistou e pelo que ainda vai conquistar.

RODRIGO, genro, marido da Daiana

Apesar de eu ter trabalhado na empresa, quando eu entrei, o Cézar já era diretor, já estava em um cargo alto. Acho que a trajetória dele fala por si só. Foi brilhante. Ele conseguiu um feito muito raro: entrar como frentista e chegar a presidente de uma empresa desse tamanho.

Várias pessoas passaram pela Zema e chegaram a cargos altos, mas ninguém assumiu a posição de presidente como ele.

O Cézar tem uma visão de longo prazo. Ele não é aventureiro. É seguro e persistente no que faz. Não desiste no meio do caminho, é muito firme no que fala, no que faz e no que propõe fazer.

GUILHERME NEVES LUCIANO, *genro, marido da Flávia*

Eu tive algumas passagens pela Zema. Entrei e saí, depois voltei. Fiquei um tempo fora, trabalhando na área de metalurgia. Trabalhei em mineradoras aqui de Araxá. Uns dois anos depois, ele me convidou para trabalhar na empresa. Eu ia começar de baixo: frentista ou caixa. Sempre tive um apetite enorme para trabalho e logo aceitei a oportunidade. Diferentemente do que muitos imaginam, ele nunca passou a mão na minha cabeça nem me privilegiou. Pelo contrário. Ele me deu oportunidade, me direcionou e me desenvolveu. Esta é umas das grandes habilidades que percebo no Cézar: identificar potenciais e desenvolvê-los.

Eu fiquei de "faz-tudo". Lavava, trocava óleo e abastecia os carros. Eu acho que ele pensou assim: "Vou fazer com o Guilherme o que fizeram comigo". Eu sempre tive a oportunidade de estar próximo de pessoas que estavam ao lado dele. Então, eu sempre tive bons professores.

Há um tempo, eu vinha percebendo um maior envolvimento dele no varejo. Percebia-se que, cada vez mais, ele estava colocando o tempero dele no varejo. Quando veio a informação de que haveria a unificação dos departamentos, eu percebi que a participação dele no Conselho estava de fato consolidada. Mas nunca me passou pela cabeça a presidência.

O Cézar na presidência de uma das maiores empresas de Araxá, um dos grupos mais relevantes do país hoje, para mim, foi uma surpresa muito grande.

RICARDO ZEMA, *presidente honorário do Conselho de Administração do Grupo Zema*

O Romeu estava muito carregado de serviço, demais mesmo, porque era ele que olhava todo o Grupo. Hoje, eu não estou mais à frente da operação. Então, o Romeu resolveu chamar o Cézar para vir para cá.

Os dois resolveram, e a sala dele passou a ser aqui. Isso facilitou muito para nós. E o contato do Romeu com ele foi aumentando.

Então, chegou um momento em que ele disse: "Eu vou chamar o Cézar pra ficar no meu lugar". E passou o Cézar para administrar a Eletrozema também.

Quando o Romeu decidiu que seria o Cézar, eu disse: "Escolheu bem!".

ROMERO ZEMA, *presidente do Conselho do Grupo Zema*

Quando meu irmão Romeu decidiu se afastar dos negócios, na família, nós discutimos como seria. Contratamos uma empresa externa para fazer a avaliação de todos os diretores e gerentes da empresa, para avaliar e levantar os pontos positivos e negativos de cada um. O Cézar era um deles. Ele acompanhou a história toda da empresa, e nós gostaríamos muito de ter uma pessoa na presidência que se identificasse com a empresa familiar. Queríamos alguém que tivesse aquele histórico e tivesse acompanhado o nosso crescimento.

Nós enxergamos que o Cézar teria as características ideais e manteria os princípios básicos da empresa familiar e do Grupo Zema. Para nós, o perfil de profissional que representa o Grupo Zema é o de uma pessoa dedicada, simples. Na Zema, as pessoas são simples. Você aprende com todo mundo, conversa com todo mundo na medida do possível. E nós temos uma pessoa que tem exatamente o perfil que procurávamos, que é o Cézar.

Foi um consenso no nosso conselho de família. O Cézar se enquadrava perfeitamente naquilo de que a gente precisava. Ele continuaria tendo o apoio do Ricardo, do Romeu etc. Claro que tivemos momentos difíceis na empresa. Mais ou menos uns dois anos antes de ele ser convidado para a presidência da empresa, tínhamos tido algumas desavenças. Mas tudo acabou sendo benéfico e fortalecendo ainda mais os vínculos dele na empresa.

Faz um ano que o Cézar é o presidente do Grupo. Foram seis meses de transição e a gente sabe que foi difícil, afinal ele pegou a empresa em uma época complicada de recessão. Financeiramente também não foi muito bom, mas é em épocas como essa que a gente tem condição de desenvolver um bom trabalho, de mostrar do que é capaz. Na Zema Petróleo, ele fez um trabalho excelente, e nós acreditamos que na Eletrozema não poderia ser diferente.

ADILSON SANTOS, *diretor corporativo do Grupo Zema*

O Cézar, como gestor, dá um banho em muito executivo. Ele está anos-luz à frente de muita gente. O Cézar aprendeu na prática. Eu acho que a escolha do Cézar para a presidência foi feita porque ele é um cara que sabe o que tem que fazer e faz.

Considerando toda a equipe, teria que ser ele, sem dúvida. Não tem nenhum de nós aqui preparado para a função, de maneira alguma! Ele, inclusive, tem a incumbência de começar a preparar a equipe. Cada um de nós terá a oportunidade de trabalhar para, quem sabe um dia, ser um sucessor.

No que se refere à gestão, ele é um agente de mudança que tem condição realmente de colocar a empresa pra rodar. Tem personalidade pra isso, tem coragem. Às vezes, a gente brinca que o Cézar colocou "Zema" no nome dele.

Para todo mundo aqui, o Ricardo é ídolo, apesar de a gente não ter convivido muito. É desses caras que sai na capa da *Revista Exame*, que escreve livro. E ele está aqui! Então, imagina como é para o Cézar, que foi "criado" junto com ele?

O Ricardo é uma história. Hoje, são raríssimos os casos de sucesso. Hoje, é difícil alguém começar como o Ricardo começou e construir um império como esse. E eu vejo, às vezes, que colocam o Cézar como da família mesmo. Eles consideram ele demais. O Romeu o respeita muito, o Romero também, e até a esposa do Ricardo trata o Cézar como se ele fosse de casa.

Quando o Cézar recebeu a notícia de que seria presidente, ele ficou surpreso. Isso porque, no ano anterior, 2016, tinham acontecido algumas coisas que o deixaram bem chateado. Ele pensou o seguinte: "Depois de tantos e tantos anos, ser criticado por algumas coisas e ser contestado por outras não está correto".

Ele é um cara que nunca pediu um aumento salarial. De pouquíssimo tempo para cá, ele resolveu tratar esse assunto com clareza. Antes, ele nunca havia pedido.

E o Cézar sempre foi altamente produtivo. Para ele, não tem feriado, sábado, domingo. Era comum ele ligar em domingo e em feriado. Uma vez a gente fez uma reunião aqui em 1º de maio para mudar a Petróleo.

Eu estava fazendo um curso em Belo Horizonte. Ele me ligou falando: "A gente precisava ver isso, isso e aquilo outro". A gente ficou lá, no dia 1º, o dia inteiro trabalhando. Ele até cita isso como exemplo, dizendo que a gente revolucionou a Petróleo. E realmente foram mudanças bem significativas.

SAMUEL BORGES, *diretor financeiro do Grupo Zema*

Quando ele se tornou presidente, eu já esperava alguma coisa do tipo – embora, como ele mesmo comentou, ele estivesse próximo da aposentadoria, o que poderia, quem sabe, tirá-lo da corrida. Mas ele era o único acionista que não é da família. A Zema Petróleo, empresa que ele criou e fez crescer, chegou a representar 65% do faturamento do Grupo.

Outra questão também interessante é que, como ele comentou, sua raiz é a mesma do Sr. Ricardo. Mas ele é um cara totalmente antenado com aplicativos, com celular, internet e nos cobra sempre inovação nos nossos processos. Ele gosta disso tudo. Ele gosta de estar junto com a turma mais nova, de conversar.

Às vezes, quando a pessoa tem o primeiro contato com ele, acha que é um cara muito fechado, muito duro, severo e de difícil relacionamento. Quando eu ouvia falar do Cézar, era essa a imagem que eu tinha dele. Porém, quando você começa a conviver com ele, você percebe que é uma pessoa extremamente humana e preocupada com os colaboradores. É um líder muito sensível e preocupado com as pessoas.

Ele está sempre muito interessado no crescimento do funcionário. Falou que tem um curso de pós-graduação, tem alguma coisa para fazer, tem um curso em São Paulo, ele apoia. Tudo o que for ligado a crescimento profissional e possa trazer resultados, o Cézar sempre apoia. Embora ele tenha feito faculdade já após os 40, ele sabe a importância do estudo para os profissionais desta geração.

A gente sempre brinca com ele e diz: "Cézar, só você é o Cézar. Nós, aqui, precisamos de professor, de teoria, não tem jeito. A gente não é Cézar Chaves, não".

LECEANDRO MARTINS, *diretor-geral da Zema Petróleo*

Todas as reuniões com o Cézar sempre foram de muito aprendizado. Eu via em Cézar realmente um líder, que sabia exatamente o que queria e demonstrava muito bem isso. Era um líder muito firme, gostava muito das coisas muito certas. Sempre prezando pelo resultado, mas nunca deixando de lado a questão pessoal.

O Cézar sempre esteve disponível para nós, para nos ajudar e dar os direcionamentos, com a mesma firmeza de sempre. Uma coisa boa no Cézar é que ele sempre soube chamar a atenção. Fazia a gente pensar e nos dava os direcionamentos.

Eu aprendi muito a conduzir reunião com ele. A forma como ele conduz, como ele fala com as pessoas, o jeito que ele cobra são admiráveis. Ele fala uma frase que é muito interessante: "Se é para assar, frita!". E ele tem razão! As coisas devem ser muito rápidas, porque o nosso mercado é muito dinâmico.

Quando teve a unificação das empresas, é claro que todos nós da Petróleo ficamos preocupados. Todas as decisões e os direcionamentos eram feitos sem muita interferência do restante do Grupo. Realmente tudo estava nas mãos do Cézar. Num primeiro momento, isso me assustou, como assustou a todos da empresa. Mas eu, particularmente, nunca tive medo de mudança.

Eu tenho muito respeito pelo Cézar. Pelas oportunidades que ele me ofereceu, pela sua forma de conduzir e pela cultura que criou.

RAFAEL DE LUCCA ROZÁRIO, *diretor de operações da Zema Petróleo*

O Cézar, como chefe, é fantástico! Ele nos dá uma grande liberdade e, ao mesmo tempo, cobra de maneira implacável. Ele não deixa passar nada; ele cobra e chama a atenção. Mas, por outro lado, sempre tivemos uma relação de pai e filho. Eu, pelo menos, considero o Cézar um pai para mim aqui em Araxá, uma pessoa que, ao longo das duas décadas que fiquei na empresa, me ajudou muito. Depois de 2013, por quase dois anos, viajamos muito juntos. Sempre que o Cézar queria ir para algum lugar, me chamava para ir com ele. Acredito que essa tenha sido uma grande vantagem para mim! Eu pude passar muito tempo com ele, e a gente conversava sobre tudo. Conversávamos a respeito da minha vida particular, da vida particular dele, da minha vida profissional, da empresa, das coisas com as quais ele não estava satisfeito. E sempre aquele negócio: "Conversa nossa no carro fica no carro e acabou".

Isso, para mim, foi um privilégio, e acho também que foi uma ajuda muito grande. Nem todo mundo teve a oportunidade que tive. Foram poucos. Quando eu digo que ele ajudou muito, é nesse sentido.

Ele sempre foi um chefe exigente, e isso é bom para quem trabalha com ele. O Cézar é chato? Ele é chato, sim! Tem momentos de chatice, mas isso, para nós, é maravilhoso. Poder trabalhar com um profissional que te cobra, que te dá feedback, que te diz o que você fez de errado e o que fez de certo é excelente!

Quando ele foi convidado para ser presidente, o susto foi grande. Ele estava sendo preparado para se aposentar. Para ele, também foi uma surpresa, apesar de, nesses últimos tempos, ele e o Romeu conversarem muito. Mas, na cabeça do Cézar, pelo que a gente conversava, ele pensava que estava saindo de cena; precisava arrumar um sucessor e, aos 65 anos, iria embora. Ele iria cuidar da vida, ficar mais na fazenda. Estava preparando tudo para se aposentar. E, de repente, se torna presidente.

Eu falei para ele: "Cézar, você é psicopata. Você estava se aposentando e, agora, é presidente do Grupo". Na primeira semana, ele estava passando por cima de tudo. Eu tive que chamá-lo e falar: "Vem cá, senta aqui um pouco, fica quieto um pouquinho. Vamos conversar". Ele falava com a gente e ia correndo na frente, de tanto gás, tanta gana de tocar o negócio. Ele é um cara que a gente só tem a admirar!

WALISSON VELOSO GOMES, *diretor comercial de varejo do Grupo Zema*

Tenho quase vinte anos de empresa e, assim como o Cézar, comecei na base, dentro da Eletrozema. Eu já conhecia o Cézar, mas não tinha contato direto com ele. Conhecia um pouco da história dele na Zema Petróleo.

Quando aconteceu a transição do Romeu para o Cézar, eu passei a ter mais contato com ele. Ele me promoveu a diretor comercial, e a gente passou a conviver mais. Hoje, ele é meu gestor direto, eu respondo para ele e posso dizer que, a partir do momento em que passei a ter mais contato com ele, eu passei a ser mais profissional. Eu comecei a atentar mais para coisas às quais, até então, eu não atentava.

Comecei a integrar mais as áreas, a discutir mais, a ser mais receptivo, a demonstrar mais as minhas inseguranças para os demais. Ao mesmo tempo, ele me deu liberdade para errar, para apostar mais, ser mais ousado, ter mais autonomia – respondendo, claro, por essa autonomia. Ele me deu liberdade para mostrar mais o meu trabalho, e hoje eu me sinto muito mais capaz exatamente por poder tomar as decisões e ser responsável por elas. Isso tem me enriquecido muito e tem me tornado um profissional melhor.

Quando eu soube que ele assumiria a presidência do Grupo, senti uma insegurança tremenda. Não por uma questão profissional, mas por uma mudança de cultura. Era uma pessoa que eu não conhecia, com quem nunca tinha trabalhado diretamente. Então, naquele primeiro momento, me senti inseguro. Mas hoje a minha visão é totalmente diferente.

Hoje, ele me inspira muita confiança. Mesmo o conhecendo pouco – talvez seja ousadia da minha parte, mas acho que não –, eu tenho uma proximidade, eu tenho uma facilidade muito grande de acesso a ele. "Vem cá, vamos conversar, precisamos falar sobre tal assunto". Não tenho dificuldade. Ele está disponível a todo momento.

Ele é um líder que inspira, que dá confiança e está com a gente o tempo todo. No que você precisar, ele estará ali para ajudar, e isso traz uma credibilidade bem grande. É algo assim: "Faz lá que eu te ajudo aqui se alguma coisa der errado". Para mim, está sendo muito bom e proveitoso.

Não posso deixar de citar mais um momento em minha vida em que a atitude do Cézar foi marcante. Meu filho precisou de um transplante de fígado, eu fui o doador e tive que me ausentar por um período. O Cézar, meu superior direto, me acompanhou em todos os momentos, a ponto de chorarmos juntos ao telefone após o procedimento e no nosso primeiro contato. Foi emocionante.

DENIS ROSA, *diretor de TI do Grupo Zema*

Eu estou no Grupo há 19 anos, mas conhecia o Cézar somente de nome até pouco tempo atrás. Tinha pouquíssimo contato com ele. Depois que eu passei a participar das reuniões do Conselho, nas quais ele estava presente, pude conhecê-lo um pouco mais.

O que eu sabia sobre ele era de ouvir as pessoas falarem: pessoa que chegou à empresa muito simples, sem estudo, e que correu atrás, fundou a Companhia de Petróleo e hoje está no cargo de presidente. Mesmo quando ele ainda não estava, eu já admirava muito a sua história de vida.

Nas reuniões de que a gente participou, deu para ver um pouco do perfil do Cézar. Confesso que eu tinha um pouco de "pré-conceito" contra o estilo dele. Não com a pessoa, mas com o estilo. Então, quando ele começou a participar das reuniões da Eletro e do Conselho, demorou um pouco para tirar aquela resistência que eu tinha. Não de escutar ele falar, mas de receio, medo de entrar em algum conflito.

Diziam que ele era uma pessoa autoritária. Uma pessoa muito centralizadora, que não dividia o poder. Eu via de fora e enxergava que todos os processos e decisões tinham que passar pelo Cézar. Nas reuniões dele, no início, eu enxergava realmente isso e, com o passar do tempo, mesmo antes de ele ser o presidente, eu o vi instigando mais a participação. Não vou falar que tirou a barreira, não, mas começou a diminuir. Nas reuniões aqui, depois que ele assumiu a presidência, eu percebi que ele realmente é uma pessoa de pulso muito forte.

Como eu recebi a notícia de que ele se tornaria presidente? Eu fiquei muito surpreso. No primeiro momento, fiquei assustado; fiquei preocupado com relação ao que ele poderia propor de mudança. Ele é realmente uma pessoa muito inquieta. Se tem que fazer, vamos fazer logo. Depois da primeira conversa, eu já fiquei mais calmo e, no primeiro feedback, ele me deu o direcionamento.

Aquela visão que eu tinha de que ele era centralizador, de que queria o poder para si na tomada de decisão, eu vi que não era bem assim. O que me agradou muito na postura dele foi o seguinte: hoje, nós é que estamos no comando da empresa. Ele fala muito disso com a diretoria e com toda a equipe. Então vamos fazer tudo dentro do que é certo e do que é correto.

Nesse primeiro feedback, eu senti muito isso nele: aberto a escutar o que eu tinha a falar. Ele deu alguns direcionamentos, o que é bacana de fazer. Hoje, eu vejo que a maioria das pessoas já pegou o ritmo de trabalho dele.

Minha visão mudou completamente. Estou mais tranquilo agora. À medida que a gente foi conversando e traçando as diretrizes gerais, discutindo alguns pontos de TI, o jeito dele de trabalhar foi ficando mais claro para mim.

De vez em quando, ele puxa minha orelha... Ele gosta muito de prazos. Quer saber qual é a previsão e, se não vai cumprir, quer saber o porquê e qual é o novo prazo.

O que me marcou muito foi o primeiro feedback, a primeira conversa com ele, quando ele disse o que esperava de mim. Eu imaginava que teria cobrança e muito mais críticas, afinal a TI da Eletro é bem diferente da TI da Petróleo. Eu esperava que viesse muito mais cobrança nesse sentido, mas, pelo contrário, ele se mostrou muito mais um patrocinador. Essa autonomia e essa liberdade de trabalho foram coisas que eu não esperava de forma alguma.

JULIANO ANTONIO DE OLIVEIRA,
diretor da Zema Financeira

Eu estou na empresa há 26 anos, e foi praticamente o meu primeiro emprego. Eu conheço o Cézar desde sempre, mas não tinha tido muito contato com ele. Sempre ouvi falar muito bem dele como profissional. Eu sempre fiz parte da Eletrozema, mas ouvia que ele era uma pessoa muito dedicada, compromissada e que acompanhava tudo de perto, que era bem profissional. Já participei de algumas reuniões aqui na Eletrozema e até mesmo no Conselho quando ele ainda não era o presidente do Grupo. Sempre admirei suas colocações e observações.

Quando nos foi comunicado que ele assumiria a presidência, foi uma surpresa tanto para mim quanto para os demais. A gente não esperava o afastamento do Romeu. Eles já tinham conversado bastante sobre isso, mas para a gente foi uma total novidade. Todo mundo achou que ele era a pessoa mais indicada, pelo histórico profissional que ele sempre apresentou.

Foi aí que começou o meu contato com ele. Desde aquele dia eu trato diretamente com o Cézar. Um dia, conversando com ele, eu citei que nós passamos por uma mistura de sentimentos. No primeiro momento, preocupação; depois, insegurança pelo novo; no terceiro momento, posso dizer com bastante tranquilidade, foi a confiança de ver a forma de ele trabalhar.

Assumir o Grupo foi para ele um grande desafio. Ele nos pediu um grande apoio, mas, em contrapartida, nós estávamos – principalmente a Eletrozema – nos sentindo meio órfãos. Ficamos por tantos anos tratando diretamente com o Romeu que fazer essa virada foi uma surpresa. Mas eles conduziram isso muito bem, sendo muito transparentes, verdadeiros, diretos.

Hoje, eu posso dizer que estou bem tranquilo. O Romeu nos disse, na transição, que a gente iria aprender muito. Ele disse que quem fica muitos anos com o mesmo chefe só aprende uma maneira de trabalhar e não vivencia outras. Eu posso dizer que realmente estou aprendendo coisas novas, aprendendo até a delegar mais. Para mim, tem sido uma novidade, um grande aprendizado e um grande prazer trabalhar com ele. É uma nova forma de gestão, uma gestão mais voltada para o macro, o que é de grande importância.

O que me chama muito a atenção é que ele tem uma excelente memória. Mesmo delegando, ele acompanha tudo. Uma coisa de que ele gosta muito é determinar prazos. Ele acompanha de perto, mesmo. Se hoje ele te disser que vocês vão voltar a falar sobre esse assunto daqui a 30 dias, pode ter certeza de que ele não vai esquecer de te chamar daqui a 30 dias. Ele delega, mas acompanha. Ele deixa você trabalhar, mas quer saber da entrega.

MICHELLE ANDRADE DOS REIS SANTOS,
diretora administrativa financeira

Quando o Cézar assumiu a posição de presidente do Grupo, foi uma grande surpresa. Eu realmente não imaginava! Para mim, ele estava trabalhando para se aposentar e encontrar um sucessor na Zema Petróleo.

No entanto, fiquei muito feliz e tranquila com a notícia. Como eu já havia trabalhado com ele, sabia exatamente o seu estilo de trabalho!

Na minha opinião, a vinda do Cézar para o comando do Grupo é uma excelente chance para as Lojas Zema Eletro e para as demais unidades. Ele veio para marcar a união de toda a empresa.

WAGNER BUENO, *colega de trabalho e ex-diretor de marketing e e-commerce*

O meu contato com o Cézar pode ser dividido em três fases. A primeira foi antes de eu participar das reuniões do Conselho, quando o meu contato era apenas em eventos corporativos. Depois, quando comecei a participar das reuniões do Conselho, o meu contato com ele aumentou. De lá para cá, a gente já vinha percebendo o espírito de liderança e, principalmente, a forma de trabalho dele – que estava se mostrando muito eficaz com a Petróleo. Nessa ocasião, a gente tinha uma relação mais de colega de trabalho, sem subordinação.

Quando ele foi para a presidência, eu percebi que essa relação que a gente tinha em termos de pessoa não sofreu nenhuma mudança, ou seja, ele continuava a mesma pessoa. Como chefe, ele mostrou uma forma de trabalho diferente do Romeu. Os dois têm suas virtudes e as suas formas de trabalho; os dois são ótimos gestores. Mas uma característica marcante do Cézar foi que ele tornou – talvez até por não conhecer muito bem os outros negócios – as decisões muito democráticas e participativas. Ele conseguia envolver a diretoria em determinado assunto e queria ouvir a opinião de todo mundo.

Cada um, a seu modo, contribuía para que a decisão fosse o mais assertiva possível. E, nesse aspecto, eu vejo com bons olhos essa forma de trabalho dele. Primeiro, porque ele envolve todos os diretores para o mesmo propósito e, segundo, porque faz com que a gente conheça cada vez mais as outras áreas. Os diretores passaram a ter uma visão maior do todo.

Ele tem uma característica interessante que é a forma de acompanhamento. Ele não se esquece das coisas facilmente, não! Ele está sempre cobrando, e eu acho isso muito legal – e muito empreendedor também. Se ele cobra muito, quer que as coisas estejam bem-feitas! Em certa ocasião, eu comentei com ele que eu acho que tenho um perfil um pouco parecido com o dele!

E o Cézar se mostrou uma pessoa muito humana também; sabe

ouvir muito bem e é sempre muito receptivo a novas ideias. Na minha percepção, não teria uma pessoa mais preparada dentro do corpo diretivo para assumir a posição que o Cézar assumiu.

ADELMAR MORAES, *gerente de vendas*

Em 1990, eu trabalhava na Atlantic. Fiquei seis meses em Uberlândia e tive a oportunidade de atender os postos da Zema. E o Cézar era o gerente geral dos postos. Em 2001, eu trabalhava em Barra do Garças, no Mato Grosso. O Cézar esteve na cidade porque a Zema comprou uma base de petróleo na região. Ele ligou na minha casa e me convidou para atuar na parte comercial dessa nova base da Zema. Eu aceitei o convite.

Fiquei como assessor comercial por seis anos. Depois, o Cézar me convidou para a gerência das unidades dos estados de Goiás, Mato Grosso, Tocantins, Pará e do Distrito Federal.

Teve uma fase em que eu tive uma grande aproximação com o Cézar. Ele me ajudava muito a resolver os problemas da minha gerência; problemas em que eu dependia da matriz para solucionar.

Tenho uma admiração muito grande pela forma como o Cézar conduz as coisas, pela seriedade e pelo profissionalismo dele. O Cézar é um dos maiores estrategistas que conheci na vida.

Como eu ficava distante da matriz, quando eu ia para lá, tínhamos conversas produtivas e agradáveis, mas aproveitávamos também parte do tempo para piadas e brincadeiras.

Ele é um cara que acorda e vai dormir falando de trabalho. É um monstro para trabalhar. Ele consegue alternativas que nem todo mundo está vendo. Ele consegue sair de situações complicadas de uma forma que realmente é de admirar.

Quando ele foi promovido a presidente, não me surpreendeu! O trabalho que ele fez na Petróleo era muito bem feito, era um trabalho realmente de expressão no mercado de combustível. Todo mundo admirava muito como a Zema Petróleo estava sendo conduzida.

LEDSTON OTAVIANI CAMPOS,
gerente geral de vendas da Zema Petróleo

Eu conheci o Cézar por um diretor da Zema Petróleo que me convidou para vir para a empresa. Eu moro em Belo Horizonte e fui para Araxá para uma reunião com o Cézar.

Quando o conheci, eu já fui percebendo um pouco da personalidade dele. O Cézar é uma pessoa muito correta, muito ética. E ele passa isso pra gente. Todos nós trabalhamos dentro dessa linha. E o Cézar tem uma característica muito interessante: ele tem uma visão muito boa de longo prazo, o que nos ajuda muito.

Ele é realmente um estrategista muito consistente. Trabalhar com ele, para mim, sempre foi uma tranquilidade muito grande. Todos nós na empresa compartilhávamos dos mesmos princípios. Assim, conseguimos ter uma harmonia muito grande no nosso relacionamento pessoal e profissional.

Existe um respeito enorme entre as pessoas na Zema. O Cézar não admite falta de respeito, falta de educação. E a gente realmente cultuava esse tipo de tratamento, qualquer que fosse o cargo que a pessoa ocupasse. Independentemente do que a pessoa seja dentro da empresa, é um ser humano. E todo ser humano deve ser tratado com educação e com respeito.

Consequentemente, a gente conseguia ter um ambiente de trabalho muito salutar. Um ambiente onde as pessoas gostavam de trabalhar. As pessoas se sentiam à vontade e podiam crescer dentro da empresa.

Recebemos a decisão de o Cézar ser o novo presidente do Grupo com uma alegria muito grande. A gente sabia que ele tem capacidade para isso e deixou um legado imenso para nós.

Encaramos a nova posição do Cézar também como uma possibilidade muito importante de consagrar o que sempre vínhamos comentando no Grupo: a questão da gestão, que era muito voltada para resultados.

MARCO AURÉLIO RIOS,
amigo e colega de trabalho

Eu trabalhei na Zema por mais de trinta anos. Quando entrei, o Cézar já era uma pessoa de confiança do Sr. Ricardo. Não apenas o Sr. Ricardo, mas a própria Dona Maria Lúcia fazia questão de que o Sr. Ricardo tivesse sempre a companhia do Cézar em muitos momentos.

O Cézar trabalhava nos postos, e o posto Zema era praticamente ao lado da casa do Sr. Ricardo. E foram crescendo juntos. Inicialmente, eram dois ou três postos de gasolina. O sonho do Ricardo era, um dia, chegar a cem postos. Essa era a meta dele. Quando o Cézar assumiu a gerência, começou a implantar esse crescimento e precisava de reformas.

O gostoso de trabalhar na Zema era que, aqui, tivemos a oportunidade de utilizar um sistema consultivo que víamos apenas em São Paulo e Belo Horizonte. A Zema fez pela primeira vez em Araxá. Isso inclui a questão do forro de PVC nos postos, que nunca havia sido usado, piso de concreto polido... Quando o Cézar foi trabalhar na loja de conveniência, o José Maurício Paranhos Abreu, que era um arquiteto de Campinas, desenvolveu um projeto muito legal e começou a Zmais. E isso começou a dar uma cara nova para a Zema. Eu lembro que, na época, o Cézar falou em uma conversa para girar o Z da marca Zema, um negócio sutil. Mas aquela simples mudança criou um diferencial!

A Zema Petróleo, na leitura que eu faço e na lembrança que eu tenho, me parecia, na época, um sonho mais do Cézar do que do próprio Sr. Ricardo. O Sr. Ricardo sempre foi um incentivador de tudo. Mas aquilo deu tanto trabalho que, apesar de ele não desencorajar, parecia não acreditar que daria certo. Foi uma luta muito maior do Cézar mesmo. No dia em que carregaram o primeiro caminhão de combustível do Cézar em Uberaba, nós fomos lá.

Todos esses negócios geralmente vinham acompanhados de muita reforma, projetos de engenharia e tudo o mais. A maioria desses postos que foram negociados sempre exigia uma reforma.

Teve um momento em que o Cézar chegou a ter todos os postos novinhos, de cara nova. Trocou tudo, modernizou tudo.

Depois, com o crescimento das empresas, a Eletrozema começou uma expansão muito intensa. Foi nesse momento que eu deixei a Petróleo e fiquei praticamente só com a Eletrozema. Quando precisava de algo, a gente trocava alguma ideia, mas o Cézar criou uma área de engenharia, expansão, negócios, inclusive com a questão da bandeira Zema.

Eu posso afirmar que o Cézar, além do Sr. Ricardo e do Romeu, foi a pessoa que mais trabalhou dentro da Zema. Ninguém teve tanta dedicação quanto ele. Não foi à toa que ele conquistou o que conquistou.

Para quem conhece a história da Zema e a história do Cézar, não tinha como ter um final diferente. O Cézar tinha que ser presidente. E não foi um brinde, não. Foi merecimento. Ele se preparou para isso. Os resultados da Petróleo garantiram esse reconhecimento.

O Romeu, uma vez, reuniu os gerentes, num desses encontros que fazíamos uns três ou quatro anos atrás, e disse: "Olha, eu quero que todos vocês preparem alguém para sucedê-los. Eu quero que isso aconteça. Eu mesmo estou começando a fazer isso".

Então, eu acho que a transição não foi por acaso, de um dia para o outro. Foi pensada, analisada. Acho que foi uma decisão consistente, com embasamento, com suporte, com tudo.

Ninguém imaginava quem seria o sucessor do Romeu. Ele nunca sinalizou. Pelo contrário. A gente imaginava que seria alguém mais novo. Só que, diante das qualidades, das competências e do momento, a opção não era escolher alguém mais novo. O presidente deveria ser o melhor disponível.

O Cézar está em plena atividade. Lúcido, brilhante, inteligente. Não tem nenhuma limitação nem restrição de desempenho.

E o Grupo Zema é uma escola diferente. Você tem a oportunidade de trabalhar com gente muito dedicada, muito talentosa. O

Sr. Ricardo é uma pessoa que sempre dava exemplo, estava junto. Construiu isso tudo. Na época, ele era sozinho mesmo. Depois, veio o Romeu. E o Romeu conseguiu fazer essa transição muito bem conduzida, mantendo a idolatria que todo mundo tinha com o Sr. Ricardo. A maioria dos líderes que tem dentro da Zema veio do berço do Sr. Ricardo.

Não tem como falar do Grupo sem falar do Cézar. E nem sobre o Cézar sem falar do Grupo. O Cézar não teve outra vida. Acho que é a Wanda com as meninas de um lado e o Grupo Zema do outro. É capaz de a gente não saber nem para qual time de futebol o Cézar torce. Alguém falou isso no depoimento? Será que ele torce para algum time de futebol?

ALEXANDER SOUZA, *colega de trabalho e amigo*

Em 1996, iniciei meu trabalho de consultoria de TI no Grupo Zema, com o objetivo de atender às necessidades das empresas do Grupo. Após três meses de contrato, fui admitido na função de diretor de TI da Eletrozema.

Pude conhecer melhor o Cézar e todos os outros diretores quando passei a fazer parte das reuniões de diretoria. O Cézar sempre chamou a minha atenção por uma característica muito interessante que ele mantém até hoje: a característica de mediador. Ele é uma pessoa que sabe ouvir e consegue ser assertivo nas opiniões, sendo sempre muito independente, franco e coerente.

Nas reuniões mais acaloradas, sempre demonstrava muita tranquilidade e buscava amenizar o nível da conversa com muita categoria. Sempre foi muito respeitado por seus superiores, pares e subordinados.

Em 30 de dezembro de 2005, fui transferido para trabalhar na Zema Petróleo. Estando mais próximo do Cézar, pude perceber nele outra característica marcante: a de liderança. Mesmo com a enorme responsabilidade de administrar a empresa e com tantos obstáculos para superar, ele sempre conseguia tempo para ouvir, orientar e incentivava todos que precisavam. Ele delega e cobra prazos sempre de forma cordial e respeitosa.

O ambiente de trabalho com ele é o melhor possível. Todos trabalham com alegria, dinamismo e comprometimento com os prazos e a qualidade. Ele procura sempre participar dos eventos internos, com o objetivo de integrar cada vez mais as suas equipes.

Sou muito grato por todo o tempo de trabalho e convívio com o Cézar. Aprendi muito, não só sobre os assuntos do negócio em si, mas também sobre a maneira como ele trata cada assunto, seja de forma individual ou em equipe.

Um momento vivido com o Cézar: certa vez, minha esposa, assistente social da Casa do Caminho (hospital psiquiátrico), em Araxá, precisava de uma área relativamente grande e fechada que possibilitasse desenvolver algumas atividades de recreação com pacientes psiquiátricos. Naquela época, o Cézar era responsável pelo clube recreativo do Grupo Zema. O espaço era usado apenas nos finais de semana pelos funcionários das empresas.

Conversei com o Cézar, e agendamos uma visita de minha esposa para que ela pudesse detalhar o programa e justificar a necessidade do espaço. A razão de tudo era avaliar o que representaria para cada paciente a participação em atividades que envolvessem correr, se exercitar e praticar esportes. Tudo com a segurança necessária.

Minha esposa ficou maravilhada com a prontidão e o carinho com que o Cézar tratou o assunto. Ele permitiu o acesso de todos ao clube e liberou o espaço pelo tempo que fosse necessário.

Esse momento eu guardo com muito carinho, porque pude conhecer um pouco mais o lado humano do Cézar. O seu comportamento altruísta reforçou a minha admiração e a minha amizade por ele.

JOSÉ MAYOL, *amigo e colega de trabalho*

O Cézar tem muitas características que o Ricardo também tem. O Cézar tem como ídolo o Ricardo Zema, pode ter certeza! Ele é tenaz, persistente e muito corajoso. Merece tudo o que ele tem hoje.

Na verdade, o Cézar sempre comentou muito pouco sobre os problemas pessoais dele. Mas eu fazia questão de saber como ele estava se sentindo, principalmente depois do susto que ele nos deu. Era um dia de festa em Araxá para todos nós. E ele não compareceu de manhã. Foi às pressas para Uberaba fazer exames de coração. De lá para cá, ele tem lutado com esse coração dele, que é muito grande! É um coração tão grande que cabe todo mundo lá dentro.

Esses probleminhas de saúde o acompanham já há algum tempo. Mas ele luta contra isso. Ele tem uma tenacidade impressionante.

FÁBIO RIOS, *presidente da Rio Branco*

Provavelmente ele não vai se lembrar disso, mas já éramos sócios em Betim, e chegou mais um interessado. E esse terceiro interessado impôs uma série de condições para a gente e para os donos. O Cézar falou assim: "Se ele está dando tanto trabalho agora, imagina depois que ele for efetivamente nosso sócio?". Então, abortamos a parceria!

Já a negociação da nossa parceria foi muito rápida. Na época, há mais ou menos oito anos, tínhamos contato somente em determinadas reuniões, por causa da formação do sindicato de distribuidores regionais. Quando iniciamos as obras em Betim, eles (a Zema) passaram por lá e viram a nossa placa. Logo nos procuraram para conversar sobre o assunto. Conversamos e, em dois dias, definimos. Foi bem rápido. A partir dali e desde sempre, a gente vem também na condição de amigo.

Eu tenho um respeito e uma admiração bem grandes por ele, por tudo o que ele fez durante toda a vida. Um carinho e uma admiração enormes. O fato de ele ter sido nosso concorrente faz com que a gente sinta ainda mais admiração.

JOÃO BATISTA, *amigo e colega de trabalho*

Fiquei sabendo que o Cézar foi promovido a presidente do Grupo quando voltei de Uberlândia. Eu vi que o sucesso não subiu à cabeça e ele continua sendo a mesma pessoa de sempre. Conversa com a gente, pede opinião, escuta o que a gente fala... Para mim, ele continua a mesma pessoa dinâmica, aguerrida e trabalhadora, com a mesma preocupação com as famílias de todos os funcionários. Ele já é vovô, e eu também.

Eventualmente, sou convidado a ir à fazenda com ele. É um ambiente mais descontraído, mas, naturalmente, sempre acabamos falando de trabalho!

JOÃO BOSCO OLIVEIRA, *amigo e colega de trabalho*

Uma coisa que eu destaco na empresa são as oportunidades que ela proporciona a seus funcionários. Valoriza muito a prata da casa. Pode olhar que toda a direção veio de dentro. E isso eu entendo que é um valor muito importante, tanto para o funcionário quanto para a empresa. É uma empresa que, com foco na meritocracia, sempre proporcionou crescimento para a sua equipe. Então, se o Cézar cresceu dentro do Grupo, pode ter certeza de que foi por mérito. Às vezes, existe muita manobra de crescimento para alguns cargos. Mas a Zema é muito clara e transparente!

DR. JADIR, *amigo e médico da família*

Eu acompanhei toda a trajetória do Cézar no Grupo Zema. Ele sempre foi procurando melhorar profissionalmente e foi crescendo. A gente conversava muito. Ele me procurava principalmente por conta das crianças, mas conversávamos sobre tudo. Ele teve uma boa criação, veio de um ambiente muito simples e sempre foi muito honesto. Ele queria trabalhar.

O Cézar, durante a vida toda, sempre foi perfeccionista. Ele gosta das coisas bem-feitas. Mas a vida não é assim. Nem tudo sai da forma como a gente quer. Por isso, às vezes, ele ficava estressado demais. Teve uma época em que ele ficou meio desorientado. Ele estava trabalhando demais e parecia que não tinha muito reconhecimento.

Eu falava que ele tinha que trabalhar defendendo a empresa como se fosse dele. "Ela crescendo, você cresce. Na hora certa, eles vão reconhecer o que você está fazendo. Enquanto isso, você vai à luta. As pessoas do Grupo são muito tradicionais e reconhecem o trabalho dos outros. O dono da empresa, o Ricardo Zema, vai reconhecer o seu trabalho". E assim foi indo.

Como nos conhecemos há quase 36 anos, temos uma certa intimidade e podemos confiar um no outro. Ele tem muita confiança em mim, e sempre tentei corresponder.

Ele serve de exemplo para muito empresário por aí. Ele não quer aparecer e isso faz parte da personalidade dele. Foi criado em um ambiente humilde, e essa humildade é uma virtude. Ele gosta de ajudar e você pode contar com ele para o que precisar. Por isso, todo mundo gosta dele. O que ele puder fazer por você ele fará.

TEO, *amigo e personal trainer*

Quando ele me ligou dando a notícia de que tinha se tornado presidente do Grupo Zema, eu fiquei muito feliz. Eu sabia o quanto aquilo representava para ele como conquista pessoal e profissional. E brinquei: "Espero que agora você não fique 'se achando' e esqueça dos amigos!".

Eu o parabenizei, pois foram muitas as etapas que ele superou. Mais cedo ou mais tarde, ele iria chegar aonde chegou. Era apenas uma questão de tempo. E chegou por mérito e muito trabalho.

Ao longo da vida, eu conheci pessoas com o mesmo cargo que o Cézar. Mas, com a dedicação e o comprometimento que ele, tem são poucos. O Cézar, por mais que não tenha o nome Zema, trata a empresa como se fosse dele, como se ele fosse da família. Por isso, ele chegou, aonde chegou. O Grupo Zema, para o Cézar, representa a vida dele. Ele sempre cuidou de tudo com muito amor.

WAGNER OLIVEIRA, *amigo e colega de trabalho*

Fazia tempo que eu não falava com o Cézar. De repente, o telefone tocou e era ele. "Wagner, estou ligando para te dar uma notícia. Acabo de sair de uma reunião e fui nomeado presidente do Grupo Zema". Em uma referência à época em que o incentivei a fazer faculdade, ele continuou: "Você me ajudou lá no passado e eu tinha que dividir essa informação com você". Para mim, foi emocionante. Eu fico envaidecido com essa postura.

A gente era "par" por conta dos nossos cargos, mas não tínhamos tanta proximidade. Eu ficava na Eletrozema e ele nos postos. Participávamos das reuniões estratégicas de diretoria, mas, no dia a dia, eu não tinha muito contato com o Cézar. Nas reuniões semanais da diretoria, aí sim, a gente tinha a oportunidade de conversar um pouco. Ele sempre foi uma pessoa que abria as portas para te escutar. Ele sempre me deu muita liberdade e eu me sinto muito feliz em fazer parte desta história.

ALCIONE, *amigo e colega de trabalho*

Eu conheci o Cézar na igreja. Eu o indiquei para trabalhar na Zema e sabia que iria dar certo pela pessoa que o Cézar era. Eu tinha certeza de que ele não daria nenhum tipo de problema – como não deu até hoje! Está aí bem firme!

Eu cheguei a trabalhar com o pai do Ricardo Zema e depois com o Ricardo. A Zema se tornou um grande Grupo. Quando o Romeu decidiu sair, o Cézar foi a pessoa indicada e ele foi muito bem recomendado. Ele é uma ótima opção!

Depois que eu deixei de trabalhar na empresa, nós perdemos um pouco o contato. Fiquei sabendo da decisão do Romeu pelo irmão do Cézar, que frequenta a mesma igreja que eu. Ele me contou que o Cézar tinha assumido a presidência do Grupo, e eu orei para ele! Orei para que Deus o ajude, porque ele merece! Eu desejo ao Cézar sucesso absoluto.